华尔街经典译丛·06

江恩测市法则

——采用新的交易规则和用以探测股票趋势的图表对1929~1932年的恐慌以及1932~1935年的牛市进行回顾

（第二版）

[美] 威廉 D. 江恩 著

何 君 译

地震出版社
Seismological Press

图书在版编目（CIP）数据

江恩测市法则/（美）江恩著；何君译．—2版
—北京：地震出版社，2015.6（2016.11重印）
书名原文：New Stock Trend Detector
ISBN 978-7-5028-4628-2

Ⅰ.①江⋯ Ⅱ.①江⋯②何⋯ Ⅲ.①股票投资—研究
Ⅳ.①F830.91

中国版本图书馆 CIP 数据核字（2015）第 121973 号

地震版 XM3914

江恩测市法则（第二版）

[美] 威廉 D. 江恩 著

何 君 译

责任编辑：朱 叶
责任校对：孔景宽

出版发行：地震出版社
北京市海淀区民族大学南路 9 号　　　　邮编：100081
发行部：68423031　68467993　　　　　　传真：88421706
门市部：68467991　　　　　　　　　　　　传真：68467991
总编室：68462709　68423029　　　　　　传真：68455221
证券图书事业部：68426052　68470332
http：//www.dzpress.com.cn
E-mail：zqbj68426052@163.com

经销：全国各地新华书店
印刷：廊坊市华北石油华星印务有限公司

版（印）次：2015年6月第二版　2016年11月第二次印刷
开本：787×1092　1/16
字数：158 千字
印张：10
书号：ISBN 978-7-5028-4628-2/F（5321）
定价：30.00 元

版权所有　翻印必究
（图书出现印装问题，本社负责调换）

译 者 序

本书是江恩先生在 1936 年针对变化了的股市为普通投资者撰写的第三本书。

华尔街股市的变化主要有两个方面：一是新出台了《证券交易法》，强化了对市场的监管；二是美国股市经过 19 世纪 20~30 年代的发展，上市交易的股票越来越多，不可避免地出现了个股走势分化的情形①。在这样的背景下，江恩先生再一次向读者阐述了一些新的交易规则，并用事实证明了这些交易规则的有效性。

单从交易技术的角度来说，本书有两个重要的新内容：一是如何判断个股的强弱形态，也就是**如何寻找并交易强势股**；二是系统讲解了**成交量的技术**。有了这两方面的知识，读者完全可以在任何时候，在任何市场中找到"当时"活跃的强势股，从而获得大笔的赢利。

我个人认为，本书最有价值的地方在于江恩先生完整提供了一套**"周线机械交易法"**的模式，以及跨越 **10 年的实盘交易记录**。我对这些交易记录进行了不完全的整理和分析，其结果是非常震撼的。江恩先生采用仅仅只有七条规则的周线机械交易法，10 年内按照这套简单的方法交易，将 3000 美元变成了数百万美元；如果按照理论上的波段复利计算，其结果是 1 美

---

① 注：这样的情形跟中国股市目前的阶段十分类似，因此也就对于中国的读者更具指导意义。

元变成了 10 万美元左右①。这确实是不可思议的结果。

在现实中，我们很难见到这样的资料——完整的交易模式和对应的实盘记录。这样的资料对于提高交易技术大有裨益，同时它也是江恩先生为普通投资者公开的唯一一套实盘资料。因而，本人建议读者应仔细阅读、理解和分析。

事实上，**所有成功的交易大师都是基本面与技术面的双料王**，江恩先生也不例外。江恩先生对于基本面的分析也非常有特点，根本不去理会这个政策那个消息这类的东西，而是从**社会经济发展的根源性**出发，研判未来真正有发展潜力的行业。在此基础上，再借助神奇的技术分析，从行业中选出未来的领涨股。

1936 年的世界，正处于第二次世界大战的前夕；77 年后的今天，我能有机缘翻译江恩先生的著作，倍感荣幸。为求达意，一词之惑，也多方求教。虽夜不成寐，不觉其苦。然百密有疏，译文如有不当之处，敬请读者指正。

何　君

2012 年 6 月于北京

---

① 注：此数据为初略统计和分析后的结论。美国股市可以双向买卖，这一点与我们的 A 股市场只能做多不能做空有很大区别，相当于少了一半的赢利机会。

关于江恩著作翻译中的
技术术语说明

江恩先生在其所有的著作中反复强调了一点：交易者与医生、律师一样，都是专业人士；交易技术也与医学、法律一样，都是严谨的科学。江恩先生非常在意术语的**规范使用**，他采用清晰和准确的**术语作为基础**，严谨地阐述了自己的交易思想和交易技术体系。

在翻译江恩先生著作的过程中，术语的翻译与规范一直是难点和重点。首先是江恩先生的交易技术自成体系，并由于时间的原因导致他在使用术语的时候一定程度上与现在流行的表达方式有差异。第二个原因是东西方在语言和思维的差异，西方文字偏重于精确，东方语言则侧重于形象，因此如果直接使用流行的中文术语就很难精确表达江恩先生的技术细节，很容易导致译文读起来很是热闹，关键的"门道"则被忽略掉了。

我在第一次阅读江恩先生著作的英文版时就意识到了这个问题，例如仅仅是关于下跌，江恩先生就使用了多种术语，这些术语非常自然地把下跌分为了不同的具体类型，因此也正是这些规范的并且与**实际操作密切相关的术语**，帮助了读者正确理解江恩先生描述的**真正市场形态**。如果能够在译文中规范地使用术语，就能**最大限度地用中文再现江恩先生的本义**。正是基于这个考虑，为了读者更好理解原著中交易技术的细节，我特意将江恩著作中最主要的技术术语解释放在了全书的最前面。

盘势（Tape）——英文本身是指早期股票报价机的价格纸带。这个词汇有人翻译为"大盘"，这个是不妥当的。盘势是指盘面上所有情况的意思，包括大盘、不同股票板块和个股的价位、时间周期、成交量、波动区间等所有的相关信息，以及这些信息综合起来传达的特定技术信号。

图表（Chart）——有人翻译为"走势图"。尽管走势图是中文中最常见的术语，但是由于江恩理论的复杂性，有各种各样的图表，仅仅用"走势图"是不恰当的，因此本书采用了"图表"这个术语。

强弱形态（Position）——在绝大多数情况下，江恩使用这个词汇是指市场整体或是个股技术形态的强弱；很少的时候是指价格空间的相对位置。

停留在狭窄的交易区间（Held in a narrow trading range）——这是江恩用来特指非趋势期间的市场表现，一般与吸筹或是派发对应。

吸筹（Accumulation）——股票筹码从分散到集中的过程。

派发（Distribution）——股票筹码从集中到分散的过程。

股票变现或是套现（Liquidation）——有人翻译为"清算"。江恩是指由持仓状态转为持币状态。

急促下跌（Rapid decline）——日线级别上的持续下跌，通常为阶段性高点的回调。

陡直下跌（Sharp decline）——短时间周期内的大幅下跌，因此下跌的角度非常大。通常是阶段性见顶后，或是下跌过程中窄幅横盘后向下突破的起始部分。其特点是下跌快速、幅度大。

暴跌（Drastic decline）——日线级别以上，至少是周线级别的大幅快速下跌。通常是陡直下跌后出现反弹，其反弹又确认了前一个顶部或是反弹高点为最终顶部后的主要趋势变化。

恐慌性下跌（Panicky decline）——由特定消息导致市场参与者出现恐慌性心理而形成的。一般是第一段下跌后的第二段"多杀多"加速下跌段。在阐述基本面用到这个术语时，主要是指公众超买之后出现大利空，或是长期下跌之后出现大利空的市场表现。

陡直崩跌（Sharp break）——江恩一般用break表达向下突破。陡直崩跌是指从顶部直接跌破了顶部区间的最低点，并持续下跌的情形。

逐步下跌（Gradually declined）——类似"阴跌"，主要是由于供求关系失衡的原因导致的。

修正性下跌（Correction decline）——主要趋势向上期间的正常回调。

收窄（Narrows down）——这是描述临近底部的一个重要术语。意思是指在下跌的最后阶段，小周期下跌和反弹的幅度都越来越小。

彻底清洗（Clean-out）——下跌趋势尾声阶段，市场在基本面和技术面的共同作用下，促使长期的多头卖出筹码的情形，通常会形成"空头陷阱"。

阻力位（Resistance Level）——在西方的交易技术中，支撑位和阻力位都可以使用这个术语。

穿越（Crossed）——价格或是点数上行并超过了先前顶部的价格或是点数，通常情况可理解为向上突破。

弹升（*Rebounded*）——陡直下跌后的快速反弹，比通常的"反弹"力度要强很多，一般是指V形底右边的走势。

伴动（*False moves*）——与主要趋势相反的小型逆向运动，也就是窄幅横盘时的假突破。

加码（*Pyramid*）——江恩通常采用等比加仓法，并且在加码一定次数后买进的数量还要降低。

最后重要的冲刺（*Final grand rush*）——这是指特定时间周期上以7～10个时间单位的几近于失控的上涨。这个阶段既是最能赢利的阶段，也是赶顶的阶段，随后通常是陡直下跌。

急促反弹（*Swift rally*）——与陡直下跌对应的逆向反弹，与通常说的"脉冲上涨"类似。

温和反弹（*Moderate rally*）——中规中矩反弹，主要是指主要趋势向下期间的逆向小型趋势，通常是由小时间周期因素导致的。

最高点（*High*）——一轮趋势的阶段性新高，或是先前趋势中的阶段性高点。

顶部（*Top*）——在江恩中级理论中，顶部是一个区间，是由一系列的最高点和回调低点形成的区间。在初级理论中，有时候与最高点的意义一样。但是要注意在直接提出"单顶"、"双顶"和"三重顶"的时候，技术上的价格区间就会非常狭窄，与前面顶部的定义不一样的。

极限高点（*Extreme high*）——顶部区间的最高点。极限高点和极限低点时江恩理论中独特的术语，这是与江恩高级理论的精确预测法有关系的一个术语。

老顶（*Old top*）——先前趋势中的各个顶部。

最低点（*Low*）——与最高点对应的术语。

底部（*Bottom*）——与顶部对应的术语。

老底（*Old bottom*）——与老顶对应的术语。

极限低点（*Extreme low*）——与极限高点对应的术语。

时间周期（*period of time*）——在特定的周期级别的图表上，从一个极限（高或是低）点到另外一个极限（高或是低）运行的时间长度。

时间趋势（*Time trend*）——在同时间周期的图表上，从一个顶部到接下来的底部，或是从一个底部到接下来的顶部为一次摆动。不同摆动经历的时间周期的长短进行相互比较，就是在进行时间趋势的判断。

前高（前低）（*Last*）——通常是指同时间周期图表中相邻摆动形成的顶部或是底部；有时候是指主要趋势运动中最后一轮小型趋势形成的顶部或是底部。

原作者序

一个人的写作目的不是为了赚钱,也不是为了满足自己的虚荣心,抑或是取悦公众;而是为了帮助那些需要帮助并心存感恩的人。只有这样他才能创作出最好的作品,给予他人最好的帮助。

我之所以在1923年撰写了《江恩股市定律》,原因在于当时的人们非常需要这样一本书。我的经验和知识能够给予人们所需要的帮助。在那本书中,我提供了自己的经验和知识中的精华,读者获得了回报。人们感激我所付出的努力,一直都在购买这本图书。读者认为这是一本物超所值的好书,人们评论我的书时都说它是一本好书,这样的评价是对我最大的褒奖。

1929年,牛市的高潮之后,我们进入了所谓的"新纪元"。为了应对变化了的市场环境,人们需要一本新的书籍指导。因此,我在1930年的春天又写了另一本书《江恩选股方略》,毫无保留地把自己的知识和多年来的经验奉献给读者。这本书可以帮助读者保护本金进而赚到利润。读过的人都称赞这本书是同类书籍中最好的之一。这本书直到现在仍然在销售,我也再次获得了读者的称道。

没有人可以学会预测3年、5年、10年,或是20年股票趋势的所有知识,但是如果投资者既是一名努力的学生,同时又是勤奋的实践者,经过几年的操作实践后,一定能够很容易地掌握更多知识。相对1911年,我在1923年对于股票趋势的预测懂得更多。7年多的操作实践赋予了我更多的知识,因此我有能力在1930年撰写《江恩选股方略》这本书,并与读者分享了我这些年来不断增加的知识。现在,5年的时间又过去了,我的经验和经过实践验证过的新交易规则使得这些知识比1930年更有价值。1929~1932年的大恐慌以及随后的市场走势,赋予了我宝贵的经验,从而学到了更多关于如何选择好股票进行交易的知识。如果把这些知识教给那些重视它们的人,我是没有任何损失的。

  曾经阅读过我的书的广大读者都要求我撰写一本新书。因此,我又写了《江恩测市法则》这本新书,以飨读者。我确信本书能够帮助大家避免鲁莽投机的陷阱。如果我能够引导一些人学到更多的股票交易知识,那么我的努力将会再次得到回报。

W·D·江恩

1936年1月3日

纽约,华尔街,88号

目 录

译者序

关于江恩著作翻译中的技术术语说明

原作者序

第一章　华尔街新交易规则 …………………………………（1）

第二章　成功交易的基础 ……………………………………（6）

第三章　历史的重现 …………………………………………（11）

第四章　个股与平均指数 ……………………………………（26）

第五章　探测股票趋势的新规则 ……………………………（31）

第六章　成交量 ………………………………………………（63）

第七章　一套实用的交易模式 ………………………………（76）

第八章　股市的未来 …………………………………………（120）

附　录 …………………………………………………………（134）

图　表

图 1　道格拉斯飞机公司最高价和最低价月线图表：
　　　1928～1935 年 ………………………………………………… (34)
图 2　联合水果最高价和最低价周线图表：1935 年 ……………… (35)
图 3A　玉米制品最高价和最低价周线图表：1933～1934 年 …… (41)
图 3B　玉米制品最高价和最低价周线图表：1934～1935 年 …… (42)
图 4　美国熔炼最高价和最低价月线图表：1924～1935 年 ……… (45)
图 5　国民酒业最高价和最低价月线图表：1925～1935 年 ……… (53)
图 6　联合水果和克莱斯勒汽车的对比：1935 年 ………………… (57)
图 7A　克莱斯勒汽车每周高点和低点：1925～1926 年 ………… (82)
图 7B　克莱斯勒汽车每周高点和低点：1927～1928 年 ………… (83)
图 7C　克莱斯勒汽车每周高点和低点：1928～1929 年 ………… (84)
图 7D　克莱斯勒汽车每周高点和低点：1930～1931 年 ………… (85)
图 7E　克莱斯勒汽车每周高点和低点：1931～1932 年 ………… (86)
图 7F　克莱斯勒汽车每周高点和低点：1933～1934 年 ………… (87)
图 7G　克莱斯勒汽车每周高点和低点：1934～1935 年 ………… (88)
图 8　联合航空最高价和最低价月线图表：1928～1935 年 …… (131)

第一章　华尔街新交易规则

自从我在 1923 年出版《江恩股市定律》以及 1930 年的《江恩选股方略》以来，期间世界上发生了前所未有的经济大萧条。股市出现了历史上最大规模的下跌，并在 1932 年 7 月 8 日创下了极限低点。形势从 1929 年就开始发生了变化，一些新法律的出台影响了股市的运动。股票交易的监管法律使得股市的行为发生了巨大的变化，我们必须规划新的交易规则来适应这种变化。正如《圣经》所言，"旧的即将逝去，新的取代旧的"；"聪明的人会改变自己的想法，愚蠢的人则永远不会"。当情况已经变化，拒绝改变的人或是不能找到新方法做事情的人注定会一败涂地。

这是一个发展的时代，我们不能停留在原地，只能前进而不是退后。我们必须紧跟时代的脚步向前行进，否则只能倒退回"过去"。亨利·福特依靠早期的"T"型车赚取了上亿的美元。"T"型车在当时的确是一款好车，福特对这款车也非常满意。然而随着时代的发展和社会条件的改善，公众的需求也改变了，他们需要更新式更好的汽车。亨利·福特是个聪明人，他看到了"人们写在公告板上的诉求"并改变了自己的想法。在世界经济大萧条期间，福特关闭了原来的工厂，并投资 1 亿美元研发一款更好的汽车。正如他的员工评价，"他将廉价的破车改造成了一位美女"。亨利·福特开发这款新车的动机是雄心与尊严，而不是出于对金钱的贪婪，他的目的就是为了公众能够以更低廉的价格买到性能更优异的汽车，维持在公众中的声誉。公众很快地接受了他的新车，新福特车变为时代的领航者。随后，福特每年都不断改进这款车，1936年款的新福特车是迄今为止最好的一款汽车。

自私的政客们总是宣扬要对抗华尔街，误导公众对纽约证券交易所的交易人士和交易人员的看法。事实上，世界上没有哪个行业的从业人员拥有比纽约证券交易所会员更好的名声；世界上没有任何一个商人能像纽约证券交易所交易大厅内的经纪人那样信守合同。在其他行业，商业合同的订立都是为了保证在未来交付不同种类的货物、木材、纺织品及其他各种各样的商品。在这类合同的履行中，当价格上涨时，买方会要求卖方交付产品；当价格下跌时，买方却取消合同，让卖方自己尽量减少取消合同带来的损失。在此，我引用一位优秀木材商写给我信中的一段话：

"在木材交易中，即使木材商足够幸运的预测到了木材未来价格的变化，他们也不可能从该价格变化中获利。因为如果价格下跌，买家会取消合同；木材市场价格超过合同价格，买方又会要求锯木厂（木材商）以合同价格履行合同。这就是锯木厂（木材商）向其他工厂出售木材的一般规则，很少有例外，而那些工厂是美国硬木木材的主要买家。当木材价格在1934年上半年出现下滑时，我公司木材订单取消量总计达140万立方米。我知道这类事情对您来说肯定非常奇怪，因为在您所处的交易场所中订立的所有合同都会同时对买方和卖方进行约束。

"我对华尔街采用的交易方式充满敬意。在华尔街进行了10年的交易以后，我得出一个结论：没有任何一个地方或行业能像华尔街那样，有如此少的不履约或不诚实的行为。"

我从未听说过纽约证券交易所会员曾试图取消股票交易合同这种事。当一个经纪人在纽约证券交易所通过举手或点头的方式买进或卖出股票后，他便要用名誉担保合同的履行。事实上，他确实履行了。不管股价走势对他多不利，或者损失有多大，他都不会违约。经纪人不会试图取消合同而会严格履约。纽约证券交易所的经纪人和经理人是诚实的、值得信赖的。公众对纽约证券交易所的职能并不清楚，它只是为买方与卖方之间的交易提供手段和设备。过去偶尔会有肆无忌惮的操纵者的操控行为，但是纽约证券交易所交易大厅的经纪人对集合基金的行为和场外交易不承担任何责任。但是公众却被误导，认为证券交易所及其经纪人与他们过不去。

其实，经纪人仅仅是依靠提供买卖股票服务来获取佣金，他们尽可能地为顾客提供最好的服务；而纽约证券交易所的目的是为了提供服务。美国大部分生产商的股票都在纽约证券交易所进行公开交易，每一位买家和卖家都能知道股票每日的价格。如果没有纽约证券交易所就不会有股票结算机构，也没有一个地方能让那些需要钱的人立刻将手中的证券兑换成现金。纽约证券交易所从1792年至今就存在的事实证明，它满足了一种经济需求，否则早就倒闭了。

多年以来，华尔街、纽约证券交易所，以及它们的交易规则和交易方式都被认为是最好的，不需要任何改变。然而，罗斯福政府"新经济政策"和《证券交易法》的推出，迫使了交易规则的改变。在这些法规生效前，纽约证券交易所已经认识到采取新的交易方法的必要性，并使公众随时对交易方法有详尽的了解。

为什么要归咎于华尔街和纽约证券交易所

投资赢利的人从来不会将赢利归功于华尔街的证券经纪人或任何人。他们认为钱都是靠自己挣来的。那么，他们为什么将损失归咎于别人呢？

如果你进行股票交易并且赔钱了，别被政客们误导，认为是集合基金的经理人、操纵者或纽约证券交易所是导致你亏损的罪魁祸首，因为事实并非如此。没有人迫使你去进行股票交易。你买卖股票是因为你想赢利。如果你获利了就谁也不会责怪；而如果你亏损了，别"幼稚"到去责怪别人。如果你自己粗心大意跑到汽车前面被撞伤了，你会因你自己的粗心去责怪汽车或司机吗？难道仅仅因为某些人出车祸而死，就出台法律禁止汽车开上公路和街道吗？政客们近年来一直试图通过法律限制证券交易所和期货交易所的正常营业活动，原因就是有些人赔了钱而向议员们抱怨仅仅提供服务的交易所的过错。

供需规则

纽约证券交易所、纽约棉花期货交易，以及芝加哥期货交易所的价格都是由供求关系支配的。无论是公众、集合基金经理人还是操纵者进行买卖交易，当卖方超过买方时，价格就会下降；反之，当证券出现稀缺，买方多于卖方时价格就会上涨。这些交易所的雇员不能造市，他们只是负责为公众和大户进行买卖。集合基金和大户在过去经常操控股价，但这不应该归咎于交易机构，因为交易机构是仅仅为证券交易提供结算服务的机构。

如果我们能发现大作手造市赢利所采用的规则，我们就可以跟随他们买入或卖出并且也能赢利，难道不是吗？如果我们知道大作手正在进行什么样的操作，我们当然会跟随他们操作。人们经常会问我："怎么样才能轻易地赚到钱？"或者"怎么样才能快速地赚到钱？"除非掌握了足够的知识，否则不可能轻松地或是快速地赚到钱！有所付出才能有所得；值得拥有的东西也值得去付出。试图快速而轻松赚到钱的想法有害无益的。

我们成为了优秀的华尔街侦探，就能够发现大作手正在干什么。通过研究供求关系，我们就可以探测到"市场大佬们"正在做什么。全国发行的报纸上每天都刊登所有股票的日成交量以及日最高价和日最低价。这没有任何秘密。我们要做的就是遵循规则。如果你能掌握我阐述的供求关系规则，你就能判断趋势并赚到钱。

新经济政策如何改变市场的基本情形

华盛顿政府的新经济政策和新出台的法律将深远地改变了公众在股市中交易的基本情形。虚假销售被《证券交易法》明令禁止；证券从业人员的个人交易行为受到了限制；卖空行为同样受到了限制；保证金的大幅增加使得市场成交量也大幅度减小。同时，包括所得税和其他税种的赋税提高，直接导致交易者和投资者延长持股的时间而不会卖出手中股票。因为这样做，很多利润就要落入政府的口袋了。市场技术层面上的改变，即使有时候会导致股市走强，但长期来看则削弱了股市，股价的下跌会更快。这是因为卖空的头寸在将来会变得很有限，集合基金操纵的空间也会变小，市场获得专业性的支撑也较之以往减小很多。

市场将会有一天遭遇真正沉重的抛压：喊价①与出价②之间有很大的差距。卖出股票变得异常困难，因为每个人都想卖出手中股票，但是没有人愿意买进。此外，高比例保证金是违背市场规律的并会导致股市大幅下跌。因为公众用 40%~60% 的保证金买进股票，使得持股的时间会更长，直到保证金接近消耗殆尽。到那时每个人几乎同时都想卖出股票，但是只有很少的人会买进。因此，就我看来，出台的法律将来不能有效规范市场，也不会给股民带来福祉，就如同罗斯福总统政府实施的很多其他法律一样弊端丛丛，因此最高法院有必要宣布这些法律违背了宪法。

---

① 译注：卖出价。
② 译注：买进价。

第二章 成功交易的基础

> "智慧为首,所以要得智慧。用你一切所得的去换聪明。"
>
> ——《箴言》4:7

你是否曾经停下来思考过,并且仔细分析你在股市上赔钱的原因?你为什么会在交易的时候出错呢?如果你这样做过,就可能会发现失败的原因是:把交易建立在希望的基础上;听信银行家的观点;按照内幕消息买卖股票,以及根据自己的猜测进行交易。其他的原因还包括拒绝承认自己的错误和在交易时候没有采取保护措施。但是,不管是什么原因导致你出错或者遭受了亏损,归根结底都是你自己的错误。因为你在开始交易前,并没有掌握特定的规则、计划和方法。

我们应该学会运用正确的交易知识,这样就不会在交易时受到恐惧或希望的影响。然后,当没有恐惧和希望的干扰时,知识赋予我们交易的勇气并且能赚到钱。我们要了解一只股票后面的真相,然后学会运用我在前两本书《江恩股市定律》和《江恩选股方略》,以及本书《江恩测市法则》所有给出的规则,这样做你就能获得从来都没有过的关于交易的知识,而你的交易也就有了充足、正确的理由和确定的规则。你再也不会带着希望和恐惧进行交易;你会以事实为依据进行交易,使用止损单保护自己的本金,结果自然就是赢利。

有一种方法总是可以纠正趋势方向做反了的交易错误,方法就是设置止损单。止损单可以在很多方面保护你。你买进一只股票，就应该同时设置1、2或3个点的止损单。这样即使你外出并且无法联系到你的经纪人时，就算未曾料到的事件突然发生了，并使得股市急剧下跌。这种情形下，如果触及你的止损单，你的股票就会自动被卖出。当经纪人联系上你的时候，股票也许在一天之内已经下跌了很多点。然而，因为你已经给你的经纪人下达了止损单，所以能够受到保护。你不需要站在大盘前，甚至不需要与你的经纪人取得联系。

结合我在书中给出的规则去研究股票的历史行为，能够获得最有价值的信息和判定一只股票未来的走势，除此之外再也没有更好的方法了。如果你了解一只股票的历史表现，这将帮助你判定这只股票的未来表现。股价记载了所有买进或卖出交易，而股价又是由供需关系决定的。如果你能正确研究价格运动，它会比经纪人、报纸，或是其他所谓的"内幕"信息告诉你更多的有价值的信息。

学会独立判断

一个人对另外一个人最大的帮助就是教会他自助的方法。无论男人还是女人，如果依靠他人的建议、内幕消息，或者是其他人对股市的看法进行交易，注定不会在投机市场上或者其他行业中取得成功。你必须学会自立。你要通过学习和应用得到知识，通过实践得到正确的方法，然后你才能获得任何人都没法给予你的勇气和自信。

聪明人不会在不了解他人观点的依据时，就盲从他人的意见；然而当他们一旦自己亲眼看到、理解、掌握了这些交易规则，而且成功地预测了股市的趋势时，就会成为很好的华尔街侦探。他会探测未来的趋势并自信地跟随趋势。他再也不会说，"如果早知道克莱斯勒（Chrysler）会上涨的信息是正确的，我就会买进500股而不是100股了。"当他明白并了解了克莱斯勒（Chrysler）为什么给出明确的上涨信号时，就不会有害怕或希望的情绪了，而是充满勇气和信心买进500股。

不管你对什么行业感兴趣，你都要竭尽所能去了解这个行业。除了健康之外，最重要的事情就是要保护好你的钱。因此你应该花时间学习，做好准备亲自打理自己的钱，不要永远或完全依赖他人。

制订明确的计划

现在就请下定决心,制订一个明确的计划或是未来的目标。按照规则进行买进或卖出的交易,但是首先要自己证明这些规则是正确的,并且是实用的。

我在几本书中给出的规则都是切实可用的。你可以在很短的时间内验证这些规则,并会满意它们的效果。很多人已经购买了我的前两本书,《江恩股市定律》和《江恩选股方略》,他们已经学习这些规则,并且遵循这些规则而获得了成功。如果你也像他们一样努力学习,我相信你也会获得成功。

在过去的35年中,我每年都在研究和改进我的投资方法。现在我仍然在学习。我的很多重大发现都产生于1932~1935年。经过多年的学习和研究,我已经简化了我的方法使其更加实用,从而让投资者也能像我一样轻松自如地使用这些方法。我删掉了不必要的细节;缩短了文稿的长度,使读者能够快速掌握,而且通过严格遵循同样的原则去获得赢利。

知识带来成功

开启巨大财富之门的钥匙只有一把,那就是知识。你无法不经过努力就获得知识。我通过勤奋工作取得成功;如果你也努力学习并勤奋工作,你也能在股市中赚取大量的财富。在华尔街上,工作才能发现通往财富的王道。

示巴女王拜访所罗门王的目的,不是为了金钱和珠宝;而是她想要寻求他的智慧。作家亚瑟·布里斯班认为,是所罗门王的伟大智慧赢得了示巴女王的爱。我非常推崇亚瑟·布里斯班先生的观点。如果你掌握了股票和商品期货的实用知识,就不难用本金赚到更多的钱。金钱总是紧随知识之后;没有知识,金钱也毫无意义。当你掌握了知识,就可以聪明地投资,增加你的财富。

成功的必要条件

第一：知识

首要的也是最重要的条件：你必须拥有知识。

现在请下定决心，每天花 30 分钟到 1 个小时时间研究股市未来 5 年的运动。这样，你一定会学到探测市场趋势的方法，进而在股市上赚到钱。没有人能找到一条快速而轻松的发财之道。你要先付出时间学习。你在获取知识上花费的时间越多，将来赚取的赢利也就越大。

第二：耐心

这也是我们取得成功的最重要品质之一。当你在买进或卖空时，必须要有足够的耐心等待最佳时机；同样的，你必须有耐心等待趋势变化后，才结束交易并兑现赢利。

第三：勇气

如果我把一支世界上最好的枪交给某个人，但是如果他没有胆量扣动扳机的话，他就不可能赢得任何比赛。同样的，如果你拥有世界上所有的知识，但是你没有利用这些知识进行交易，你也不会赚到一分钱。但是，知识可以赋予一个人勇气，使他足够勇敢，能够在正确的时机果断行动。

第四：强健的体魄

在你已经获得了正确的知识、足够的耐心和过人的胆识之后，接下来一个最重要的品质就是强健的体魄。一个人只有拥有强健的体魄，才能使他的胆识和耐心发挥最大的作用。如果你的健康状态不好，你会变得十分沮丧，丧失生活的希望，然后变得胆小懦弱，进而犹犹豫豫不敢行动。很多年以来，我一直身处股市这个游戏之中，也有在身体状态欠佳时进行交易的经历，也看到过别人的此类交易。到目前为止还没有看到一个人会在身体不好时还赚到钱的例子。所以在你身体状态欠佳时，最好暂时退出市场，放弃投机，回去保养身体。要明白，健康就是财富。

第五：本金

有了这些取得成功的必要品质，你还必须要有本金。当你拥有知识和勇气，你就能从很小的一笔本金开始投资并赚到很多钱。在交易的时候要设置止损单，接受小额亏损，并且不能过度交易。

切记，永远不要和趋势对抗、违逆潮流：当你探测到了趋势后，就不能再有其他想法，必须排除希望或恐惧，这样做就会取得成功。关于这点，请阅读并遵循《江恩选股方略》一书中的16～17页"24条永不赔钱的法则"的标题下的内容。

第三章 历史的重现

　　通过研究一只股票历史的波动状况，我们可以预测出该股票的未来走向。掌握了一只股票什么时候出现过巨幅上涨行情和什么时候出现了恐慌性下跌，以及一个趋势中的主要变化和次要变化的时间周期，我们就能判断出该股未来的表现。我们只需要记住一件事，无论股市和华尔街过去发生过什么，未来必定会发生同样的事情。未来会有上涨的牛市行情，也会有恐慌性的熊市出现，就跟过去一样。这是自然法则在起作用；也是时间与价格平衡的结果。正如一只股票向一个方向运动的时候，会出现反方向的修正运动。因此，为了在股市上赚到钱，你必须学会跟随趋势并在趋势变化的时候跟着变化。

　　以往的历史告诉我们，战争对股市和商品期货的价格有很大的影响。战争爆发时，巨大的恐慌会导致股市陡直下跌，随后就会出现暴涨的牛市；战争结束时，股市又会出现另一轮陡直下跌或是大恐慌，过后通常又是新一轮的暴涨，股价往往会超出战争期间的最高价。因此，研究战争开始期间与战争结束期间股市和商品期货的市场行为就很重要，这样当有同样的事件发生时我们就能知道究竟会发生什么。

W·D·江恩平均指数
1856～1874 年

1856 年——参考我在《江恩选股方略》中关于 1856 年的平均指数①，你就会看到 1856 年 2 月，平均指数在到达 95½ 点后进入派发期。

1857 年——1 月，平均指数到达其最后的高点 92 点，随后恐慌性下跌开始了。这就是 1857 年大恐慌，市场恐慌在 10 月达到了高潮，平均指数在短短 6 个月内下跌了 57 点。

1858 年——1858 年 3 月之后出现一个反弹并持续了 5 个月时间。

1859 年——市场下跌并在 6 月到达最低点，下跌持续了 15 个月。

1860 年——9 月，持续 15 个月的上涨再创新高。

1861 年——平均指数在 3 月下跌到最后的低点 48 点，下跌持续了 7 个月，也是美国内战经济繁荣期之前的最后一个低点。我们从这个位置观察这次战争繁荣期持续的时间周期长度，进而可以与其他战争繁荣期的时间周期长度进行比较。

1864 年——4 月，平均指数到达一个高点 155 点。从上一个底部到这个顶部共花了 36 个月，而且期间没有出现持续 2 个月的下跌。

1865 年——3 月，平均指数到达 88 点的低点，在 11 个月内下跌了 67 个点；10 月到达最高值 121 点，耗时 7 个月。

1866 年——2 月，平均指数到达 100 点的低点，下跌持续了 4 个月；10 月，达到 125 的高点。从本年 2 月的低点起算是 8 个月；从 1865 年的低点计算是 19 个月。

1867 年——4 月，平均指数回调到 104 点，耗时 6 个月。市场从这里开始进入战后繁荣期。

1869 年——6 月，平均指数到达高点 181 点。从 1867 年 4 月起算耗时 27 个月；从 1865 年 3 月的最低点起算耗时 50 个月。这个高点距离 1861 年 3 月的最低点是 99 个月，这是一个重要的时间周期

---

① 译注：在没有道琼斯指数之前，江恩采用自己记录和计算的 1856～1896 年的铁路股平均指数进行历史分析，简称江恩指数。

长度，总时间长度已经达到了8年零3个月。繁荣期的最后一个阶段持续了27个月，这也给战后经济大繁荣画上了一个句号，随后是市场恐慌卷土重来。

1873年——11月，平均指数到达最低点84点，从1869年的最高点下跌了96个点，熊市持续52个月。期间从1870年8月到1871年5月出现了持续9个月的反弹；从1872年1月到6月持续6个月的反弹。从1872年的低点开始到1873年1月出现持续2个月的反弹，这说明了此时市场处于弱势状态，正如1931年和1932年的情形一样①。

1874年——2月，平均指数经过持续3个月时间的反弹到达107点的高点。在6月和10月分别耗时4个月和8个月后到达了低点。然后，铁路股开始反弹，并一直持续到1875年5月。

12种工业股平均指数

1875～1896年

这里我们用12种工业股平均指数代替1897年才开始的道琼斯平均指数。

1875年——3月，高点53点；10月，低点48点。

1876年——2月，高点52点。

1877年——10月，低点36点，这是一轮持续16个月并且中间几乎没有任何反弹的下跌。

1879年——1879年8月，一轮真正的牛市行情来临了，并且一直持续到1881年的6月，历时22个月。

1881年——6月，高点72点，上涨持续了47个月；期间出现从1878～1879年的持续6个月的回调，也有好几次持续时间为2～3个月的回调。

1881～1885年：
从1881年的6月到1884年的6月，这是一轮极端的熊市行

---

① 译注：熊市的后半程。

情，平均指数从 72 点下跌到了 42 点，并且持续了 36 个月，期间只有一次类似 1932 年 7~9 月那样的持续时间为 2 个月的反弹。然后，从 1884 年 8 月反弹的顶部开始，持续下跌到 1885 年 1 月，并在 42 点与 1884 年 6 月的最低点形成双底。

1885 年——11 月，高点 57 点，为 10 个月内的最高点。

1886 年——5 月，回调回落到 53 点。

1887 年——牛市在 5 月结束。从 1884 年最低点开始，持续时间为 34 个月；如果参考时间改为 1885 年的第二个最低点，持续时间为 27 个月。

1888 年——4 月，到达熊市最低点 51 点，耗时 11~12 个月。

1889 年——6 月和 9 月的最高点均为 63 点。

1890 年——1890 年 1 月，平均指数第三次股价到达 63 点的最高点，形成一个三重顶形态，这使得 63 点成为一个卖出点。

1888~1890 年：

1888 年 4 月到 1890 年 1 月是 21 个月。

1890 年——12 月，平均指数下跌到最低点 49 点，距离 1890 年 1 月的最后一个高点 11 个月。

1893 年——1 月，牛市到达了最高点 72 点。从 1890 年开始，历时 25 个月。随后就是 1893 年的大恐慌。1893 年 8 月，熊市最低点是 40 点，7 个月内下跌了 32 个点。

1895 年——牛市最高点在 6 月份到达 58 点；历时 22 个月。这是熊市中的一个反弹，因为主要趋势依然向下。

1896 年——布莱恩白银危机：1896 年 8 月，道琼斯平均指数的最低点为 29 点。从 1895 年的顶部起算，历时 14 个月；从 1893 年的顶部起算，历时 43 个月。在这轮恐慌性下跌之后，麦金利[①]繁荣开始了，并持续了好几年。

[①] 译注：William McKinley，威廉·麦金利在 1896 年因支持金本位当选美国第 25 任总统。麦金利当选总统后，美国终结了 19 世纪 90 年代的经济危机，国内经济一片繁荣。1901 年 9 月遇刺身亡，由副总统罗斯福继任。

道琼斯工业平均指数
1897~1935年

1897年——9月,最高点55点,历时12个月。

1898年——3月,最低点42点,距离上一个顶部6个月。

1899年——4月,最高点78点,历时13个月。接下来的5月出现一轮陡直下跌;然后是缓慢上涨。9月到达最高点78点,并与4月份的最高点持平。从1896年最低点起算,耗时36个月;而从1898年3月最低点起算,历时18个月。

1900年——9月,最低点53点,历时12个月。这也标志着熊市的结束。

1901年——6月,最高点78点,并与1899年股价最高点相同,这里是第三个顶部,也是牛市的终点。12月,最低点62点,历时6个月。

1902年——4月,最高点69点,历时4个月。

1903年——10月和11月,最低点均到达42½点。距离1901年最高点28~29个月;与1903年2月最后一个反弹高点相距8个月。1903年以后,道琼斯工业平均指数变得更为活跃,并成为领涨股;而在此之前,铁路股一直是最为活跃领涨股。从1896~1906年,铁路股一直是市场上的龙头股,铁路股达到了1924~1929年繁荣期之前的历史最高点。现在我们继续回到工业股。

1906年——1月,最高点103点,从1903年的最低点起算历时27个月。期间没有出现一次持续2个月的回调,这是强劲牛市的特征。随后回调的最低点86点出现在8月,历时6个月;10月,回升到97点。

1907年——1月,最高点97点,随后一轮深幅下跌开始了。1907年3月14日,在名为"无声的恐慌"的恐慌性下跌中,平均指数当天就下跌了20个点,最低点到达76点。随后在5月份反弹到85点,然后又在11月下跌到53点。从1906年的最高点到这里历时22个月。市场在这里进行了吸筹,进入11月份,牛市开始了。

1909年——10月，最高点101点，这也是牛市的顶部，历时23个月。期间没有任何一次回调超过3个月。

1910年——7月，最低点73点，这也是这轮下跌的底部，历时9个月。

1911年——6月，最高点87点，历时11个月。接踵而至的一轮陡直的下跌，在9月份到达最低点73点，这与1910年7月最低点持平。

1912年——10月，最高点94点，这也是牛市运动的顶部，历时13个月。

1913年——6月，平均指数到达底部53点，历时8个月。这是平均指数第三次到达相同位置。只要这个低点没有被击穿，就是一个长期上涨趋势可能出现的重要迹象。果然，到9月，平均指数就上涨到最高点83点，历时3个月。随后在12月份回落到了最低点76点。

1914年——3月，最高点83点，这与1913年9月最高点相同。7月上旬欧洲爆发了第一次世界大战，股市在7月关闭，直到1914年12月才重新开市。开市后，平均指数到了53⅓点，与1907年的最低点相同。从1912年12月的最高点起算，历时26个月。

1915年——12月，最高点99½点，正好在1909年的顶部之下。从1914年的最低点起算，历时12个月。

1916年——4月，最低点85点，回调持续了4个月。11月，最高点110点，这也是此轮牛市的顶部，同时道琼斯工业平均指数也创出了新高。从1914年12月的低点起算，历时23个月。

1917年——2月，最低点87点。6月，最高点99点，历时4个月。然后，一轮大型的恐慌性下跌接踵而至。12月，跌到这轮熊市的底部66点，持续时间为13个月。

1920年——12月，最低点66点，这与1917年最低点相同。从上一顶点到这里历时13个月。

1921年——5月，最高点79点。8月，最低点64点，下跌的极限低点没有超过1917年和1920年的最低点3个点，这是获得良好支撑的信号，牛市将接踵而至。从1919的顶部起算，历时21个月。

1921～1929年的大牛市

1921年8月，美国历史上最大的牛市行情启动了，直至在1929年9月到达最高潮。

1923年——这轮大牛市第一阶段的顶部出现在1923年的3月，平均指数到达105点，历时19个月。随后出现回调，在10月份回落到最低点86点，历时7个月。

1924年——2月，反弹的高点为105点，随后又是一个持续时间为3个月的回调，在1924年5月到达最低点89点。市场从这里开始，展开了真正意义上的柯立芝牛市①。

1925年——道琼斯工业平均指数在1月突破120点，即1919年的最高点。此时，市场非常活跃，同时伴随巨大的成交量，这些都预示道琼斯工业平均指数会创出新高。

1926年——2月，最高点162点，从上个低点起算，历时21个月。3月，一轮陡直的下跌底部是136点；一些股票在此时间内下跌了100多点。平均指数在进行了持续几个月的窄幅波动后再次掉头向上，一直持续到1929年，期间没有出现持续2个月以上的回调。

1929年——牛市终于在1929年9月3日到达最后的顶部，平均指数的高点达到了386点。从1921年最低点起算，一共上涨了322个点；即使从1923年的最低点起算，也上涨了300个点。从1921年最低点到1929年最高点，历时97个月②。1923年的最低点到1929年的高点，历时71个月；从1924年最低点到1929年的最高点，历时64个月；从1926年3月的最低点起

---

① 译注：Calvin Coolidge，被称为"沉默凯"的美国第30任凯文·柯立芝总统奉行自由主义政策，为当时经济和股市的繁荣做出了贡献。道琼斯指数在1924～1929年创造了连续6年增长的记录。在20世纪90年代的牛市之前，这是道琼斯指数连续成长的最高纪录。从某种角度衡量，20世纪20年代的牛市可谓是美国股市历史上最强盛的时期。

② 原注：请参考1861～1869年指数，对比两个时期的情况，我们会发现两个牛市几乎完全一样。上一轮牛市的持续时间为99个月，也是至1929年以前历史上最大的一次牛市。

算，历时42个月；从1926年11月的最后一个低点运算，历时35个月。

战争前后的特殊时期，可以帮助我们判定最强劲的牛市或最恐慌的熊市所持续的最长时间周期。牛市在1929年9月到达高潮是一个长期经济循环周期的结果，这个经济循环周期始于1896年8月，一直持续了33年。从股市的角度看，期间每一轮牛市行情都能创出新高，这说明了股市的长期趋势是向上的。史上最大的牛市过后，一个前所未有的巨大熊市的出现就顺理成章了。如果想要判定出此次熊市的持续时间，我们必须回顾历史，看看以往战争繁荣期之后的熊市！

1869～1873年——从1869年到1873年的时间周期是53个月，期间出现一次持续时间为9个月的反弹，一个持续时间为6个月的反弹，以及一个持续时间为2个月的反弹。

1871～1884年——1871年5月的最高点到1873年11月的最低点，熊市持续时间为30个月。

1881～1884年——我们再观察1881～1884年，可以发现这轮熊市持续了36个月。

1893～1896年——1893年到1896年8月，这轮熊市持续了43个月。

回顾所有的历史记录，我们发现最大的熊市持续时间不超过43个月；而最短的熊市持续时间也不会少于12个月。有些熊市会在27个月、30个月、34个月时见底；在极端的下跌行情中，有些熊市会持续36～43个月的时间才结束。

因此根据以往记录，对于1929年开始的熊市，我们要在其持续了30～36个月的时候观察底部是否形成。如果没有达到最终的底部，下一个观察的时间点是40～43个月。

1929～1932年的大熊市

大熊市的第一阶段——1929年9月3日至1929年11月13日：

道琼斯30种工业股平均指数从1929年9月3日的386点一直下跌到1929年11月13日的198点，在短短71天内下跌了188个点——这是纽约证券交易所有史以来最短时间周期内的最大下跌幅度。

次级反弹的最高点出现在 1930 年 4 月 17 日，平均指数上涨到 297 点，在 155 天内上涨了 99 点。成交量在 4 月份有所下降。次级反弹的最高点是很重要的观察点。

大熊市的第二阶段——1930 年 4 月 17 日至 1930 年 12 月 17 日：

从 1930 年 4 月 17 日顶点开始，一直下跌到 1930 年 12 月 17 日。平均指数从 297 点到 155 点下跌了 142 点，历时 244 天，也就是 8 个月。接下来的次级反弹在 1931 年 2 月 24 日出现一个顶部，使得平均指数到达 196 点，在 69 天内上涨了 41 个点。这轮反弹持续时间更短，上涨的点数也更少，这些说明了市场正处于弱势并且主要走势还是向下。

大熊市的第三阶段——1931 年 2 月 24 日至 1932 年 1 月 5 日：

从 1931 年 2 月的顶部开始下跌，一直到 1931 年 6 月 2 日，平均指数下跌到了 120 点，并且跌破 1930 年的最低点，这是 1919 年 11 月的顶部。根据我的一条规则：先前的老顶会成为底部；先前的老底会成为后来的顶部。因此，从这个老顶位置出现一轮反弹是我们可以期待的。随后，平均指数果然在 6 月 2 日开始反弹，并在 6 月 27 日上涨到 157½ 点，在 25 天内上涨了 37½ 点。这是熊市中的一个快速反弹，持续时间没有超过 1 个月，说明市场非常弱势。这个反弹之后的下跌一直持续到 1931 年 10 月 5 日，平均指数下跌到 85½ 点，在 100 天内下跌了 72 点。一轮快速反弹接踵而至，并持续到 1931 年 11 月 9 日，平均指数上涨到 119 点，接近了 1931 年 6 月 2 日的底部。我们可以判断这个老底是一个卖出点，因为根据我的规则，先前的老底会成为后来的顶部。这次反弹在 35 天内上涨了 35 个点。主要趋势继续向下，平均指数下跌到了 72 点，距离上次 1930 年 12 月的 155 点刚好 1 年。接着一个快速反弹上涨到了 83 点，随后又在 1932 年 1 月 5 日跌到 70 点，这与 1931 年 11 月 9 日的最后一个高点相比，下跌了 49½ 点。这次下跌持续了 57 天；但是如果是从 1931 年 6 月 27 日起算就是 192 天，而且这也是熊市第三阶段的真正结束，因为在 1932 年 1 月 5 日最低点之后，市场反弹到了 1932 年 3 月 9 日。平均指数上涨到 89½ 点，在 64 天内上涨了 19½ 点。相对于所花费的时间，这是一次非常微弱的反弹，因此可以看出市场的股票变现还没有结束。

大熊市的第四阶段——1932年3月9日到1932年6月9日：

大熊市的第四阶段也是最后一个阶段持续了4个月，即从1932年3月9日到1932年6月9日，历时121天。在很短的时间内平均指数就下跌了49个点。我们注意到与从1931年11月9日到1932年1月5日的那轮下跌比较，所跌点数是一样的。从1932年3月9日到1932年7月8日，市场出现了最后一轮的股票变现潮。最大的反弹平均指数也只有7个点，随后每一个反弹后的下跌幅度都减小，成交量也不断减少，显示股票变现即将结束。平均指数最后的下跌是从6月16日到7月8日，总共下跌了11个点。到此为止，这个大熊市终于结束，主要趋势掉头向上了。

1932年7月8日，道琼斯平均指数下跌到最低点40½点。从1929年的顶部起算，历时34个月；从1930年的顶部起算，历时27个月。这样的时间周期也预示着这个恐慌性的陡直下跌即将结束，尤其是这个下跌使得平均指数在短短34个月内下跌了345点的情形下，很多股票33年的赢利都被彻底吞噬了。

我们注意到1897年4月的最后一个低点是40½点，随后真正意义上的牛市就开始了。1932年7月平均指数再次跌到这个相同的点数40½点，尽管现在市场中的股票数量有很大的差异。

在1932年7月的底部之前，成交量和时间周期都显示出了熊市即将结束的迹象。

1932～1935年的牛市

牛市的第一阶段——从1932年6月8日到9月8日：

道琼斯30种工业股平均指数从1932年6月8日的最低点40½点，反弹到1932年9月8日的81点，在62天内上涨了40点。市场的第一轮上涨是在空头回补和强劲买单共同作用的结果。然而，市场未能在第3个月保持住上涨的势头并继续走高，这预示了市场会下跌。同时，巨大的成交量也清楚地表明这仅仅是牛市的第一轮反弹，随后的次级下跌必然会出现。

次级下跌——正如从1929年11月到1930年4月那轮熊市中出现的次级反弹一样,市场给出熊市即将结束的信号。现在这里出现一轮次级下跌,并且一直持续到1933年2月27日,平均指数下跌到49½点,在172天内从1932年9月8日的最高点下跌了31个点,但是高于1932年6月8日的最低点9个点。此时,罗斯福总统宣誓就职,接着银行停业,然后是纽约证券交易所也闭市一周。开市后成交量很小,这说明股票变现已经结束。**当市场上全部都是最坏的利空消息,也就表明我们买进股票的时间到了。因为牛市总是在悲观中启动,在一致叫好的喧嚣声中结束。**

牛市的第二阶段——从1933年2月27日到1933年7月17日:

平均指数从1933年2月27日的最低点49½点上涨到1933年7月17日的最高点110½点,在141天内上涨了61点。从1932年6月的最低点起算,历时12个月;从1933年2月的最低点起算,历时5个月。我的规则说明:对于持续了1~2年的趋势要注意观察是否变化,并要关注任何重要的顶部或底部。我们观察到在5月、6月和7月中的成交量很大,超过了1929年牛市结束时的成交量。巨大的成交量预示着市场即将到达高潮,并且也是顶部的信号。

回调接踵而至,平均指数在1933年10月21日下跌到了82½点,在96天内下跌了28点,期间成交量很小。一个明显的事实:平均指数仅仅比1933年7月21日的最低点低2个点,并且跌破1932年9月8日的最高点81½点,这表明了主要趋势仍然向上。

牛市的第三阶段——从1933年10月21日到1934年2月5日:

平均指数从1933年10月21日的最低点82½点一直涨到1934年2月5日的最高点111½点,仅比1933年7月17日的最高点高出1个点,在此形成了双顶,期间的日成交量高达500万股。平均指数在107天内上涨了29个点,距离1932年7月的最低点19个月;而从1933年10月的最低点起算,历时4个月。可见平均指数未能突破112点,因此这是一个明确的顶部。

随后的回调持续到了1934年7月26日,平均指数下跌到了84½点,在171天内下跌了27点。这次回调的时间周期是从1934年2月5日到

1934 年 7 月 26 日。从 1934 年 2 月的最高点起算，历时 5 个月。市场在 7 月 26 日这天的成交量为 300 万股，平均指数也比 1933 年 10 月 21 日的最高点高出 2 个点。放大的成交量和更高的支撑位都预示着市场正处于底部。

牛市的第四阶段——从 1934 年 6 月 26 日到 1935 年 11 月 20 日：

道琼斯 30 种工业股平均指数从 1934 年 6 月 26 日的最低点 $84\frac{1}{2}$ 点上涨到 1935 年 11 月 20 的最高点 $149\frac{1}{2}$ 点，在将近 16 个月的时间内上涨了 65 点。从 1932 年 7 月最低点起算，历时 40 个月；从 1933 年 2 月最低点起算，历时 33 个月；从 1933 年 10 月的最低点起算，历时 25 个月。

这个阶段中出现了几次大型回调。1934 年 8 月 25 日到 1934 年 9 月 17 日，平均指数下跌了 12 个点。1935 年 2 月 18 日到 1935 年 3 月 18 日，平均指数在 1 个月内下跌了 12 个点，由于这次回调持续时间只有 1 个月，因此表明了主要走势仍旧是向上。从 1935 年 3 月 18 日的低点后，市场在 11 月 20 日最终到达最高点之前，再也没有出现超过 8 个点以上并且持续时间超过 2 周的回调。随后的回调持续到 12 月 19 日，持续时间为 1 个月，跌幅为 11 个点。11 月和 12 月 2 个月的总成交量是 1.04 亿股，这表明了已经到达一个至少是暂时性的顶部，平均指数从 1932 年的最低点已经上涨了 109 个点；从 1935 年 3 月 18 日的最低点起算，在 247 天内也上涨了 $53\frac{1}{2}$ 点。

1935 年 12 月 31 日，就在我写这本书的时候，我认为平均指数不会穿越 150 点。如果下跌到了 138 点，就会继续下跌到 120 点，甚至是 112 点。因为 112 点是 1933~1934 年期间的老顶。但是正如我在前文中说过的一样，我们交易个股的时候要跟随个股自身的趋势，因为很多个股与道琼斯 30 种工业股平均指数有着相反的趋势。

观察趋势未来变化的时间周期

1936 年 1 月[①]距离 1932 年最低点的时间周期是 42 个月；距离 1933 年

---

① 译注：江恩在这里提醒当时的读者注意股市未来趋势的变化。

2月的最低点的时间周期是37个月。1935年6月距离1933年的顶部的时间周期是36个月；距离1932年的最低点的时间周期是48个月。因此，我们就可以知道哪些月份是观察趋势变化的重要月份。

1929～1932年股市恐慌的原因

1929～1932年期间，股价出现了剧烈下跌。主要原因在于是那些在高位买进的人一直带着希望持有手中股票，并且在平均指数下跌的过程中继续买进降低持股成本。他们第一次买进股票的时间就是错误的，接着又以违背趋势的方式继续他们的错误，即买进更多的股票去摊平损失。对于任何交易者来说，这都是最严重的错误。我们要牢记，**利润可以摊平，亏损绝对不能摊平。**

当股价下跌了100个点甚至更多时，其他的人纷纷买进股票。因为他们认为这些股票的价格已经非常便宜了。而他们认为便宜的原因仅仅是股价从高位下跌了100个点。这是最错误的买进股票的理由。后来，当股票从1929年的最高价大约下跌150个点、250个点，或者是300个点的时候，看起来股价确实远离顶部，也会有人以同样的理由买进股票。他们的错误在于趋势并没有变化，下跌的时间周期还没有走完，市场也没有给出买进的信号。

如果这些买家再等一等，并且知道如何运用我在《江恩股市定律》和《江恩选股方略》这两本书中说明的那些交易规则，他们就已经能够自己判断趋势什么时候出现了改变，并且能在低位区间买进很多股票赚很多钱了。但是，大部分人都依靠猜测买进股票，然后希望股价会上涨。这些人中的大部分毫无疑问也会决定在反弹出现时抛出股票，但是他们却给自己设定了一个反弹不可能达到的卖出价。他们希望出现反弹，但是这种希望却没有任何充足的理由；当然，他们希望出现一轮反弹或是上涨可以让他们按照预设的心理价位离场的希望同样也没用任何充足的理由。

绝望取代了希望：

最后，在1932年的春天和夏天，股价下跌到了一个看起来荒谬的低点，随后又继续下跌了25～50个点。这种状况使得很多买家和投资者失去了信心。他们的心灵因此受伤，恐惧超越了希望。他们以极度悲观的角度看待市场，并将手中股票卖出。很多人是被强制卖出的，因为他们已经支付不起继续持有股票的保证金了。另外一些则是因为害怕股票还会继续下跌而抛出手中股票。这样卖出是没有任何道理的，就如同他们买进股票时希望股价会上涨一样的毫无道理。

"究竟是谁在市场恐慌时买进股票"

很多人都有这个疑问。我的回答是，能够在低位买进股票的是那些聪明的投资者。他们在1928年或是1929年初就卖出了手中的股票；抑或是在1929年9月的第一次暴跌后，当市场出现了趋势将调头向下的明确信号之后，他们卖出手中的股票。这些聪明的投资者然后会拿着手中资金在一旁等待观望，一直到最坏的情形出现。他们会在股价远远低于股票真实价值时买进这些股票。这样，他们的耐心、知识和勇气才能得到丰厚的回报。他们有勇气在一切看起来都会变得更糟糕的时候买进股票，他们也同样有勇气，正如在1929年市场前景一片光明、人人都很乐观的时候卖出股票。

"股价能重回1929年的高点吗"

这是我被多次问到的另一个问题。人们为什么会问这个问题呢？因为很多人手中还持有以非常高的价位买进的股票，并且希望股价会涨回原来的价位，这样他们就可以分毫无损地退出股市。我可以很自信地回答这个问题，道琼斯30种工业股的平均指数再也不会到达386点了。我也可以肯定铁路的平均指数也不会再次回到1929年的最高点189点，并且很多公用事业类股票的价格也不会再次到达1929年那样的高度了。为什么呢？因为这些股票当时到达了一个不正常的高价，那样的高价不是基于公司本身的价值或盈利能力的。股价之所以会到达那样的高度，是因为当时每个人都在疯狂的赌博，完全忽视了价值和价格而一味地买进。我相信在很长一段时间内人们不会再像那样疯狂买进股票了，因为高比例的保证金会限制大额买进的操作。

　　虽然我认为平均指数和过去的领涨股不会再次回到1929年的高点，但是我相信很多个股会上涨并超出1929年的高点。在1932～1935年的牛市中，新出现的领涨股的股价会远远超过它们在1929年的最高价。在本书的其他章节中，我会给大家一些穿越了1929年最高价的例子，并说明这些股票的强弱形态，明确会上涨到更高的价位的迹象，以及合适的买进点。我预测一些股票会在将来超过1929年的最高价，这些股票我会在后面的章节予以说明。

江恩测市法则

第四章 个股与平均指数

很多年以来，道琼斯工业股平均指数、铁路股平均指数，以及公用事业股平均指数都是市场趋势的风向标。多年前，12种工业股平均指数非常具有代表性，它们就是整个工业股板块的指南。当铁路股成为市场活跃的领涨股时，20种铁路股平均指数成为该板块的先行者。然而现在，纽约证券交易所已经有1200只股票，无论是30种工业股平均指数还是20种铁路股平均指数，都再也不能成为整个市场平均趋势的代表性指南了。

全国各行各业都受到国内外环境变化的影响。一家汽车企业也许蒸蒸日上并赚了很多钱；而另外一家则可能会日趋衰落并濒临破产。就像股市中的走势分化一样①，受各种因素的影响，导致一些股票上涨的同时而另外一些股票则在下跌。这些变化出现在1928～1929年期间，并且在股市跌到1932年最低点之后更加明显。因此，想要在股市中通过交易赚到钱，我们必须学习和运用适合个股的交易规则，再也不能一味依靠平均指数了。

我们再也不会遇到所有股票都同时上涨的整体性牛市了。我们现在面对的是一个趋势交错的股市，一些股票的主要趋势呈现向上的同时，另一些股票的主要走势则呈现完全下跌形态。1932年7月，大部分的股票都跌到最低点，并开始呈现回升态势。道琼斯30种工业股平均指数在1932年7月见底；而20种铁路股平

---

① 译注：走势分化的意思是不同板块和个股的走势相对大盘的走势不同步。

均指数在 1932 年的 6 月和 7 月到达最低点。1935 年，当道琼斯 30 种工业股平均指数上涨了 80 个点时，而公用事业股平均指数则创下了新低。这种现象是由不利的立法导致的。

通过学习和运用适合个股的交易规则，在其他股票都上涨的时候，就发现公用事业股显示出了下跌趋势。我们如果研究美国电话电报公司（American Telephone & Telegraph）的图表，我们就会发现美国电话电报公司在 1935 年比其他公用事业股表现得更好，透露出这只股票处于强势状态。首先是在整个经济大萧条期间，美国电话电报公司从来没有中断支付红利的现象，每年都支付每股 9 美元的红利；而其他的公用事业股则中断了红利的支付。在 1929 年股市到达高潮的繁荣期，公用事业股掺足了水分；股票不断用拆股的方式分红，变成了很多的拆细股。导致的结果就是该板块股票的超买现象最为严重。

我们不能依据一个板块的平均指数去发现并买进最好的股票。因为一些板块中的股票在牛市中每年都在创出新高；而同一板块中的另外一些股票则会不断走出新低，甚至会进入破产清算状态或者是被退市处理。举个例子，1932 年，航空股板块总体呈现上涨趋势，如果你选择科提斯·莱特"A"（Curtis Wright "A"），这只上轮行情中航空股板块中的领涨股作为最好的航空股买进。这样做你就出错了。我们可以看到在 1932 年 8 月时，科提斯·莱特 A 的最低价是 1½ 点；在 1934 年 4 月涨到最高价 12 点。现在我们将这只股票与该板块中的道格拉斯飞机公司（Douglas Aircraft）进行一个对比，并研究该股的强弱形态。1932 年，道格拉斯飞机公司的最低点是 5 点；1934 年 2 月的回升到了 28½ 点的高点；1934 年 9 月又跌回了 14½ 点，从顶部起算，下跌的幅度达到 50%。1935 年 7 月，科提斯·莱特 A 的最高价比 1934 年的最高点仍然低了 4 个点；而道格拉斯飞机公司的股价则穿越了 1934 年的最高点，表明该股处于强势状态，并且是一只很好的买进股。即便是股价为 28½ 点，也比科提斯·莱特 A 要好。1935 年 12 月，道格拉斯飞机公司的股价穿越了 45½ 点，即 1929 年的最高点，并一路上涨到 58 点。与此同时，科提斯·莱特 A 仅仅上涨到 12¼ 点。此后，科提斯·莱特 A 再也没能显示出活跃性，或者是像道格拉斯飞机公司和其他的一些航空股那样上涨的潜力。道格拉斯飞机公司的底部和顶部不断抬高，而此时的科提斯·莱特 A 则在一个很小的范围内上下徘徊。因此，道格拉斯飞机公司才是这个板块中值得购买的股票；同时也充分证明了我们必须研究一个板块中的每只个股并分别判断它们各自的趋势。

过时的道氏理论

为了取得成功，我们必须跟上时代的发展；必须摒弃过时的旧理论和旧观点。为了在股市上立于不败之地，我们还要选择新的股票作为交易品种，并运用新的交易规则。

在过去的几年里，道氏理论[①]在全国范围内广为传播。很多人相信道氏理论很有价值，并且是毫无瑕疵。但事实上，现在这种理论对交易者已经没有指导意义了。如此多的公司在纽约证券交易所上市交易，30只股票或者20只股票已经不能反映股市的总体趋势了。除此之外，我们不能把平均指数作为交易品种。因此，我们必须跟随个股的趋势才能赢利。

道氏理论在1916年前确实能够起到指导作用，而随后的第一次世界大战的爆发改变了一切。战争期间，美国从农业国进入工业国。1916年，道琼斯30种工业股平均指数上涨创出新高，超越了1906年的最高点7个点；与此同时，铁路股平均指数的最高点则低于1906年的最高点24个点。那些等待铁路股来验证工业股的上涨趋势的人被甩在了外面，丧失了最佳机遇，并很有可能会赔钱。

1917年，政府接管铁路系统。1917年12月，道琼斯20种铁路股平均指数下跌到69点，同时，工业股平均指数也下跌到了66点。这是铁路股首次跌到1897年最低点的水平，而工业股则比1907年股市大恐慌时期的最低点高出13个点。

1918年和1919年，铁路股的表现也不如工业股。工业股和铁路股并没有表现出道氏理论所要求的一致性，因此也就不能起到股市风向标的作用。1919年7月，工业股平均指数创出119½点的新高。同月，铁路股平均指数却跌到当年的最低点，仅仅比1907年的最低点高出3个点。这样，

[①] 译注：江恩在这本书中对道氏理论的批判是针对趋势需要工业股平均指数和铁路股平均指数相互验证来确认的观点，并不意味着全面否定道氏理论。相反，在《江恩华尔街45年》一书中，江恩采用了道氏理论的一些观点。

我们可以看到铁路股与工业股的趋势完全相反，道氏理论也就失效了。

1921年6月，铁路股平均指数到达最低点64点。1921年8月，工业股平均指数也到达同样的低点64点。工业股平均指数仅仅高出1907年最低点2个点。随后工业股就进入了一个大牛市，而铁路股则成为滞涨股。

1925年1月，工业股平均指数穿越了120点，这是1919年的最高点；而此时的铁路股平均指数却低于1906年的最高点38个点，同时也低于1916年的最高点12个点。如果你买进工业股之前，还等着铁路股创新高来验证工业股的趋势，这样做你就会错过一个大机会，你不得不等到1927年7月，因为那时铁路股才穿越1906年的最高点。但在那个时候，工业股已经高出1909年的最高点63；高出1906年的最点80个点。

1929年9月3日，30种工业股平均指数创出了历史新高386点，铁路股平均指数也上涨到了189点。随后持续到1929年11月的恐慌性下跌之后，工业股平均指数反弹接近100个点，铁路股的反弹仅为29个点。1930年4月之后，铁路股相对工业股表现得更加疲软，反弹力度也更小。

1931年11月，铁路股击穿了42点，这是1896年8月的最低点。1932年6月，铁路股跌到13$\frac{1}{8}$点，而此时30种工业股平均指数下跌到了40$\frac{1}{2}$点。工业股平均指数高于1896年的最低点12个点，而铁路股平均指数则低于1896年的最低点29个点。

1933年7月，工业股平均指数反弹到了110点，而铁路股平均指数反弹到58点。

1933年10月，工业股平均指数回调回落到82$\frac{1}{2}$点，而铁路股平均指数回调回落到33点。工业股平均指数从未跌破1933年的最低点，并且在1935年11月上涨到了149$\frac{1}{2}$点。

1935年3月，铁路股平均指数的最高点为27点，而工业股平均指数的最高点为96点。工业股平均指数高于1933年10月的最低点13个点，而铁路股则比1933年的最低点低了6个点。这再次证明了我们不能依赖道氏理论。

从1935年3月到1935年11月，工业股平均指数上涨了53$\frac{1}{2}$点，而铁路股平均指数在这个时期内仅仅上涨了12个点。所以如果你一直等待铁路股平均指数创出新高来验证工业股平均指数的上涨趋势后，然后再买进工业股，那么你就错失50~70点的赢利了。

上述大量的事实足以证明道氏理论已经过时了，我们未来不能再依据该理论进行投资。

与时俱进

为了在变化着的市场条件下赚到钱，我们必须研究个股并跟随个股的趋势。不要让平均指数愚弄你。当一只股票的趋势变化时，我们要跟随它的趋势，不要去理会该股所在板块的其他股票或是平均指数的走势。

很多年前，公共马车类的股票涨势很好，如果你在那时买进这类股票，一定能赚到钱。但是后来马车公司纷纷破产，股票也退出了市场。接着又出现了运河股，也是一路上涨，如果你当时买进这类股票，也已经赚钱了。然而其他类型交通工具的发展使得运河航运的业务大大减少了。汽车的出现抢走了铁路的生意。现在航空业的发展正在分食公路运输的业务，飞机迟早会取代汽车和卡车的地位。航空运输是未来的交通方式，如同几年前我们在购买股票时会参考汽车股一样，我们不得不把航空业作为未来的风向标。在交易中，我们把钱投在航空股上而不是铁路股和汽车股。

跟上时代的步伐，不断进步。不要墨守成规，坚持旧理论和过时的观念。我们要学会跟随个股的趋势，只有这样才能在股市上赢利。

第五章　探测股票趋势的新规则

我在《江恩股市定律》和《江恩选股方略》这两本书中阐述的交易规则都是很好的交易规则。这些交易规则在未来的100年内都依然适用。然而，市场环境已经发生了变化，股票上涨趋缓并需要更多的时间，同时成交量也在萎缩[①]。我书中阐述的所有规则都是以供求关系为基础，它们已经经过了测试与检验被证明是可靠的。导致股价上涨的买盘无论是来自公众，还是集合基金，抑或是投资者，最终都是供求关系的结果。当买方力量大于卖方力量，股价就会上涨；反之则会下跌。

我将在本书中阐述新的交易规则，如果与我前两本书中提出的交易规则一起使用，就一定会帮助你在个股交易上取得成功。

正如一个侦探会从犯罪团伙留下的线索中去了解这个团伙的习惯一样，华尔街上的侦探也能找到一只股票后面的"支配力量"或是市场操纵者下一步意图的线索。股票之所以会波动，不管是上涨还是下跌，都是由那些试图通过交易赢利的人决定的，他们买进或是卖空股票，希望能赢利后平仓。一个人的想法能被猜测出来，另外一个人的想法同样可以被弄清楚，归根结底，人类的本性永远不会改变。因此，我们通过研究个股，并且使用正确的探测规则，就能判断出个股的趋势，我们也就能在股市上赚到巨额财富。

---

① 原注：我们可以把美国钢铁（U.S. Steel）和通用汽车（General Motors）这些年的成交量对比一下。

探测趋势的最佳方法

多年的经验使我确信:通过研究图表可以探测趋势。

月线图表: 股票的月线高低价图表是探测主要趋势最好的图表。

周线图表: 股票的周线高低价图表是探测股票真实趋势的第二种好指南。

日线图表: 当市场处于快速波动并伴随巨大成交量的极度活跃状态时,股票的日线高低价图表就是最佳的指南和趋势探测器。

如果想要探测一只股票是否处于强势状态以及是否准备上涨,我们要使用该股票的月线图表。如果获得了良好的支撑并且买盘充足,那么这只股票就会逐渐被吸纳。随着需求的增加,股票变得稀缺,这样会导致股票上涨,在更高的价格水平上受到支撑,不断抬高底部和顶部。

反之,如果一只股票正在为下跌趋势做准备,该股将会开始形成更低的顶部和底部;当股价最后一次上涨到顶点的起始低点,这就是该股主要趋势掉头向下的标志。

适合交易的股票

适合交易的股票类型是那些符合规则的并且趋势明确的活跃股。股市上总是有一些走势奇特的股票,还有一些股票不符合我们的规则。我们不用理会这些股票。另外还有一些股票很长时间都在一个小范围内窄幅波动,这样的股票也不适合交易。我们要等到它们伴随放大的成交量突破这个窄幅区域上限或是下限,变得十分活跃时,才可以考虑这些股票。

何时买进或卖出一只股票

我们要在一只股票的单底、双底,或者是三重底附近买进,并同时设置距离买进点不超过 3 个点的止损单。在单底附近买进,我是指在一轮回调后,我们应该等待观望,直到该股在某个价位附近维持了 2~3 周时,然后再买进该股,并在该股周线上的最低点下方 3 个点的位置设置止损单做保护。如果是在非常活跃的市场上,一只股票回调后在一个价位附近维持了 2~3 天,那么我们也可以买进该股,止损价不能低于日线最低点的 3 个点。当一只股票位于几周、几个月、1 年,甚至更长时间前的相同价位附近时,该股就形成一个双底,我们就可以买进该股。如果第三次到达相同的位置,这就是一个三重底。

当一只股票上涨创出了新高或者穿越了先前的老顶 3 个点,如果该股要继续上涨,它就不能在回调的时候低于先前的老顶 3 个点。因此,我们应当在 1~3 个点轻微回调的时候买进该股,同时在低于老顶 3 个点的位置设置止损单。

牛市行情开始后,我们要在回调的时候买进,并在低于先前支撑位 3 个点的位置设置止损单。

如果一只股票穿越了前些年的最高点 3 个点,那么在该股出现任何小回调的时候都是买进的时机。例如:

道格拉斯飞机公司(Douglas Aircraft):该股 1932 年最高价为 $18\frac{5}{8}$ 点,1933 年最高价为 $18\frac{1}{4}$ 点。1934 年,当该股穿越了这个双顶后,根据我的交易规则,我们应该买进该股(图 1)。该股在 1934 年涨到 $28\frac{1}{2}$ 点。1935 年,在道格拉斯飞机公司突破 $28\frac{1}{2}$ 点时,就再也没有低于过 $26\frac{1}{2}$ 点。因此,我们可以在该股回调低于 28 点的时候买进,止损单可以设置在 $25\frac{1}{2}$ 点。该股突破 $28\frac{1}{8}$ 这个老顶的意义十分重大,在这之后该股的回调时间从未超过 3 天[①],随后就继续上涨。当穿越了 1929 年的最高价 $45\frac{1}{2}$ 点时,我们可以继续买进该股。只要该股继续处于上涨趋势,我们就可以不断地加码买进。道格拉斯飞机公司在这轮牛市行情中一直上涨到 1935 年 12 月的 $58\frac{3}{8}$ 点。

在卖空股票时,我们可以将上述原则反过来使用。也就是在单顶、双顶和三重顶卖出,并在卖空价格不超过 3 个点的位置设置止损单。我们可以等待股票出现派发的迹象,并且股价跌破最后一个底部超过 3 个点,可以在该股出现小反弹时卖空,并将止损单设置在最后一个老底上方不到 3 个点的位置。当一只股票跌破了上一年最低点 3 个点时,该股就成为一只很好的卖空股。

---

① 原注:该股的回调仅仅持续 2 天。

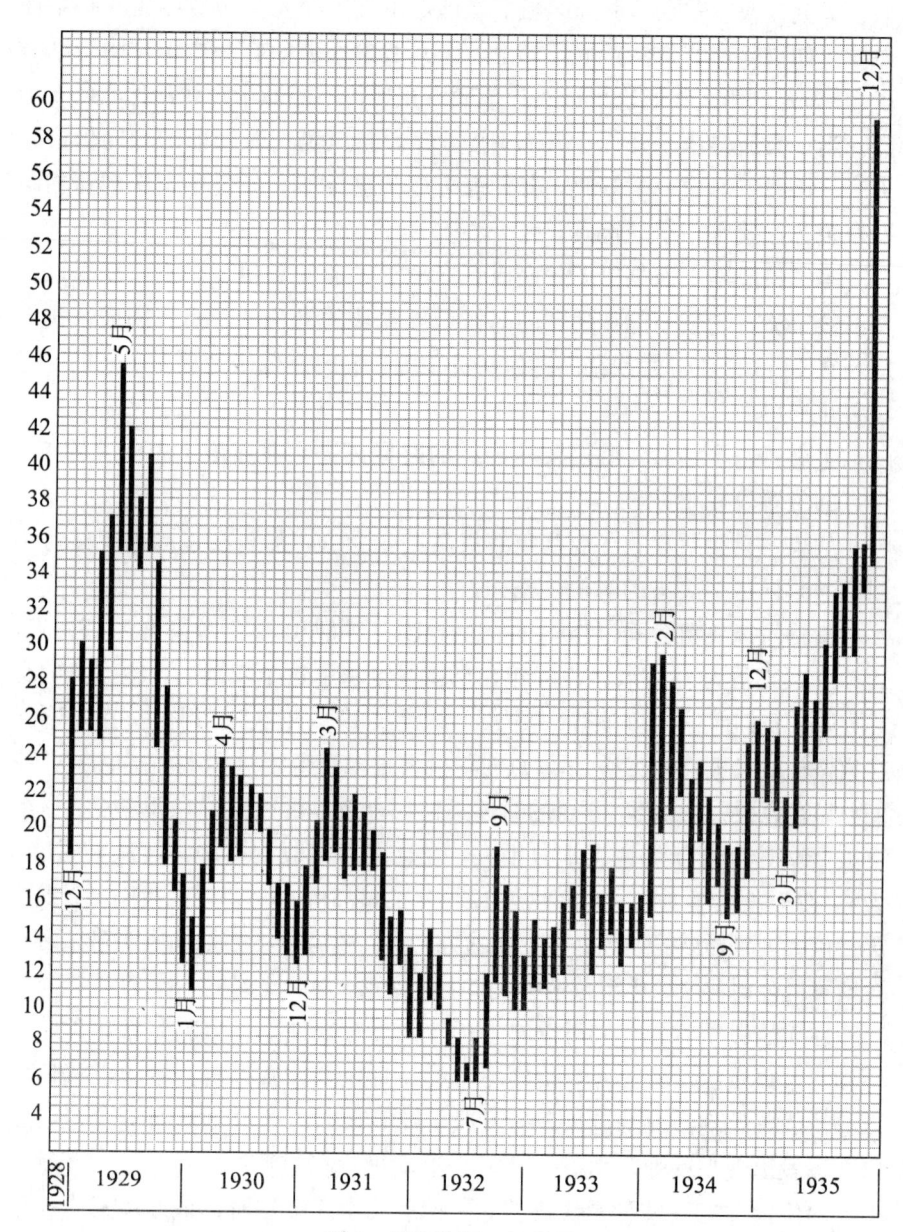

图 1　道格拉斯飞机公司

最高价和最低价月线图表：1928～1935 年

第五章 探测股票趋势的新规则

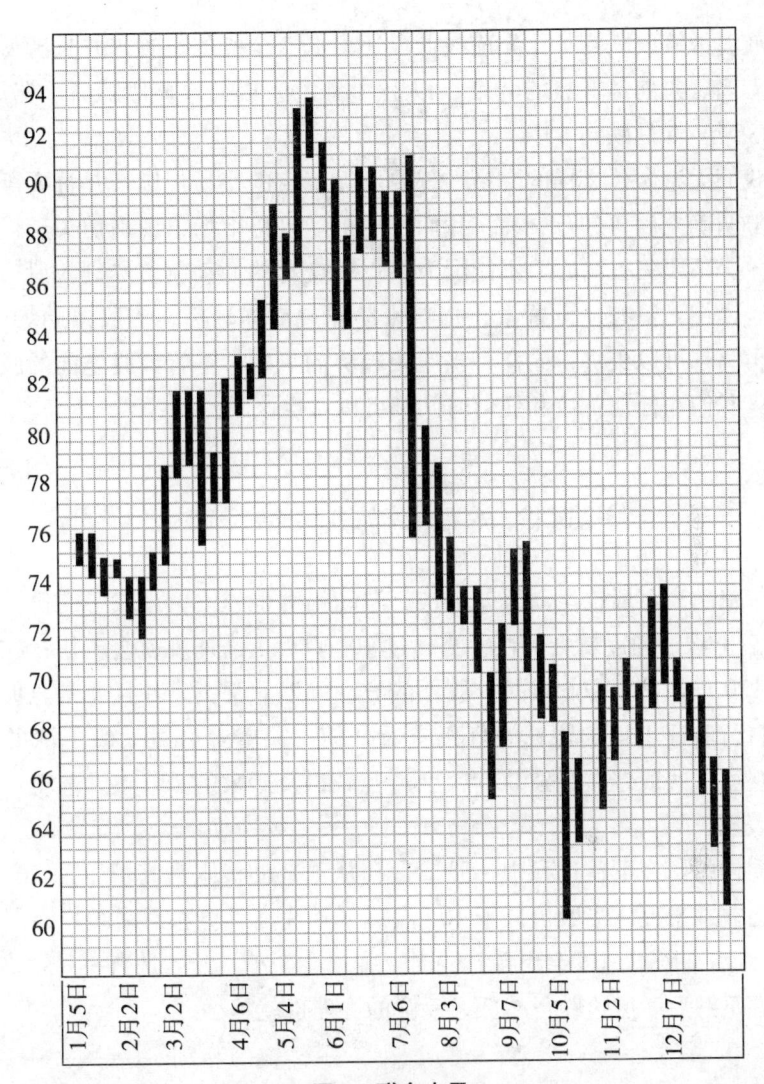

图 2　联合水果
最高价和最低价周线图表：1935 年

在熊市中，如果一只股票开始下跌并且跌破先前老底 **3 个点**，甚至更多时，如果随后的反弹不能高于这个老底 3 个点，那么该股将继续下跌。例如：

联合水果（United Fruit）：该股在 1935 年 5 月的最低点为 $84\frac{7}{8}$ 点；同年 6 月的最低价为 $84\frac{1}{4}$ 点；7 月时反弹到了 $90\frac{3}{4}$ 点。之后，该股跌破 81

点，或者说该股跌到了比先前最低点还要低 3 个点的位置，并且随后的反弹没有高于先前最低点的 3 个点以上（图 2）。因此，该股随后一路下跌，在 1935 年 10 月跌到 60½ 点。

我们无论做什么样的交易，都要遵循确定的交易规则，并且要等到市场趋势明确之后再进行交易。我们要尽可能等待市场出现确切买进或卖出的迹象。不要失去耐心，不能因为仅仅有交易的冲动就贸然进入股市。我们应当谨记，只有在设置了止损单来防止趋势逆转后，当股票趋势向上，股价再高都可以买进；同样，当股票趋势向下时，不管该股先前的股价有多高，我们在任何价位和任何时间都可以卖空该股。

股价快速运动的起始价位

价格越高，股价运动得就越快，波动幅度也越大。当股票的价格超过 50 点后上涨的速度就会加快；当超过 100 点后上涨速度就会更快；在股价到达 150 点，甚至 200 点时，股票的波动幅度非常大，并且非常急促。你可以自行验证上面的说法。仔细查看任何一只曾经有过大幅上涨的活跃股，观察这些股票在突破 50 点、100 点，以及后来的 150 点，甚至 200 点后的表现。

同样的，在下跌过程中，股票最初从顶部的极限最高价下跌 50~100 点时会非常急促。当股价低于 100 点后下跌速度就会相对减缓；当股价低于 50 点后下跌的速度会更慢，同时反弹也会变小，尤其是当一只股票经历过巨幅下跌后。股价跌得越低，反弹的力度也就越小。

买进或卖空后持有的时间

如果做了一笔交易，在当天收盘时就出现亏损，我们很有可能出错了，这是一笔跟趋势相反的交易。如果随后的 3 个交易日这笔交易都对我们不利，那么十有八九我们判断错误了。这个时候我们要马上结束这笔交易。

如果我们一买进或卖空一只股票，这笔交易马上就朝着有利于我们的方向发展，并且在当天收盘时就有了盈利。那么我们很可能就做对了，抓住了该股的趋势。当3个交易日结束时，这笔交易仍旧是赢利的，这几乎就是做对了的确切信号，我们就抓住了该股的主要趋势。

因此，在意识到出错时，立即退出；如果是正确的交易就要继续持有。

1929~1932年的买断行为

在我的前两本书中，我已经指出永远不要买断股票①，原因在于股票如果朝着不利于投资者的方向发展，买断也是没有任何帮助的。我也曾经说过，唯一最安全的买断股价是在股价为10美元附近，甚至更低的时候。如此多的人抱有这样一种错误的观点，即我已经买断了某只股票，所以一定不会有损失。这也恰好是这种观点的错误之处。如果你买断一只股票，你便不再担心了，因为你再也不会收到要求交保证金的要求了。但是，你也忽略了一个事实，如果这只股票变得一文不值，或是被重新评估，你就有可能损失掉为这只股票付出的所有钱。因此，当我们进行一笔交易时，要知道做错趋势的应对措施。我们要采用止损单做保护并限制我们的风险。一味地抱着希望持有股票不会对任何人有帮助，以前不会，将来也不会。如果我们错了，就接受小的损失并退出市场；如果市场朝着有利于我们的方向发展，就要拿着股票以获取丰厚的利润。我们不应该因为熟悉某只股票，或是因为某只股票在过去的多轮牛市行情都出现过上涨，就认为该股在未来还能上涨。我们知道，旧的领涨股会风光不再，新的领涨股会取代它们的位置。在股市中，我们必须与时俱进，只有交易新的领涨股才能获得赢利。

关注过去行情中的顶部和底部

如果一只股票跌破先前熊市行情中的底部3个点，我们就要关注前一

---

① 译注：买断股票是指全额付款买进股票。

轮熊市底部附近是否出现支撑位。例如：

1929 年，当股票开始下跌，我们应该先观察股票市场的上一个熊市，即 1923~1924 年期间形成的底部。如果它们的底部都跌破了，我们就要关注 1921 年那轮熊市的底部，因为从那个位置开始了一轮大牛市行情。如果这些底部也被跌破 3 个点，下一个关注的支撑位就是 1917 年那轮熊市最低点了，之后是 1914 年，接下来的是 1907 年恐慌的最低点，再后面是 1903~1904 年，最后就是 1896 年的极限低点了。

我们应当查看每只个股，找到其在什么年份创出了过去的极限低点。当我们发现一只股票到达了它的历史极限低点，并且停留了几周或是几个月，同时也没有跌破老底 3 个点，我们就可以判断该股处于强势形态，此刻就是买进的时机，并且不能忘记在老底下方 3 个点设置止损单。

工业股平均指数：1932 年，当工业股平均指数跌破 85 点时，这也是 1931 年的最低点，下一个要关注的重要底部就是 1921 年的最低点 64 点。工业股平均指数在 1932 年跌到 70 点，并维持了一段时间，但是最后的下跌还是跌破了 64 点。因此，我们就要找到应关注的下一个底部了。我们注意到在 1907 年和 1914 年，工业股平均指数的最低点都是 53 点。当工业股平均指数继续下跌，在 1932 年跌破了 53 点后，也就跌破了前两次恐慌性下跌的支撑位，所以我们就必须寻找下一个底部了，也就是 1903 年的 43 点，从这个位置工业股平均指数开始了一轮大牛市行情。1932 年 7 月，道琼斯工业股平均指数下跌到 40½ 点，没有低于 1903 年的最低点 3 个点，这是获得支撑的信号。市场变得沉闷和呆滞，同时成交量也萎缩到 1929 年以来的最低水平。吸筹的活动出现了，趋势也从这个位置再次掉头向上。

在 1929~1932 年这样的极端熊市行情中，当一只股票下跌到了 20~30 年前的股价位置后趋稳，并且没有跌破先前大恐慌时期的最低点 3 个点，这表明了该股获得了支撑，并且是一个买进点。当然，我们还必须同时在老底下方 3 个点的位置设置止损单。

美国钢铁（U. S. Steel）就是一个例子。1932 年 6 月，该股下跌到 21¼，仅仅低于 1907 年恐慌的最低点 ⅝ 个点。我们可以在此时买进该股，并以 19 点作为止损价。该股在这个位置出现了一个反弹。但美国钢铁没有像其他股票一样在 1932~1935 年之间大幅上涨，原因在于美国钢铁进行了拆细，由 500 万股增加到了 800 万股。

观察先前行情中的老顶也同样重要。当股价穿越老顶 3 个点时，被穿越顶部距离现在的时间越远，突破的意义就越重要。例如：

西屋电气（Westinghouse Electric） 在 1918 年到达最低价 38½ 点，1919 年的最低价是 40½ 点，1921 年的最低价为 38⅞ 点，也就是说该股这 3 年的最低点几乎相同。

这说明这个位置是该股的强支撑位，也表明该股为一个大幅上涨收集筹码。该股一路走高，在 1925 年突破 1915 年的最高价 74⅞ 点，并且一直涨到 84 点的高位，这表明该股还会继续走高。下一个需要关注的顶部是 1902 年的最高点 116½ 点，也是该股当时的历史最高价。当穿越了这个价位就预示着该股将到达更高的价位。根据交易规则，我们要一路加码。1929 年，该股到达最高价 292⅝ 点。

我们要以同样的方法跟随每一只个股的趋势。当一只股票穿越了前些年的顶部，或是突破过去行情形成的顶部 3 个点时，这都是该股会到达更高价位的迹象。

在熊市行情中，我们既要关注先前行情中的顶部，也要注意先前行情中的底部。在 1916 年 11 月到达高潮的那轮牛市中，道琼斯工业股创出了 100 点的新高后，接踵而至的是一轮陡直的下跌。1919 年，平均指数在 120 点下又创出了新高。然后在 1921 年的恐慌性下跌的时候，平均指数下跌到 64 点。后来，在 1929 年的牛市见顶后，平均指数在 1931 年 10 月陡直下跌，跌破 1919 年的最高点 120 点 3 个点，也就是 1919 年的老顶，这是继续走低的迹象。因此，我们就要关注下一个位于 110 点的顶部。当平均指数跌破了这个顶部 3 个点后，一直下跌到 1931 年 10 月的最低点 85 点。接着，平均指数在 1931 年 11 月 9 日反弹回升到 119 点，也就是老顶 120 点附近。当平均指数未能穿越这个老顶，这表明市场仍然处于熊市，价格也会继续走低。

如何探测熊市中早期的领跌股

一轮牛市行情中，有一些股票会比其他的股票上涨更快，因此更早构筑顶部并开始派发，这类股票就是熊市早期的领跌股。

当一些股票提前跌破前些年的底部，或是最近几个月的最低点，这类股票就是下跌趋势中的早期领跌股。

在每一轮熊市行情中都有早期的领跌股，或是一些股票会提前下跌，并且领先其他股票到达底部。例如：

克莱斯勒汽车（Chrysler Motors）：1926 年 3 月，克莱斯勒汽车的股价为 28$\frac{1}{8}$ 点，随后该股开始了一轮大牛市行情，1928 年 10 月，克莱斯勒汽车涨到 140$\frac{1}{8}$ 的极限高位。此时距离道琼斯平均指数和大盘到达最高点的时间还有 11 个月，它们直到 1929 年 9 月才到达最高点。因此，我们应该在其他股票还在继续上涨时就卖空克莱斯勒汽车。许多其他的汽车股直到 1929 年的 8 月和 9 月才涨到这轮牛市的最高点。

当其他股票在 1929 年还大幅上涨时，研究一下克莱斯勒汽车的同期表现是非常重要的。查看克莱斯勒汽车的周线图表和月线图表，我们可以看到 1929 年 1 月克莱斯勒汽车的最高价为 135 点；趋势在 1929 年 5 月调头向下并下跌到 66 点，比 1928 年的最高点下跌了 74$\frac{1}{2}$ 点。1929 年 8 月，该股反弹回升到了 79 点，与 1928 年的最高点相比低了 61 个点。股市大崩跌在随后的 10 月和 11 月爆发，此时本来就处于下跌趋势和疲软形态的克莱斯勒汽车在 1929 年 11 月下跌到 26 点。1930 年 4 月，该股反弹到了 43 点，因为没有出现大的反弹表明了该股仍旧处于弱势。1932 年 6 月，克莱斯勒汽车更是下跌到 5 点这样的低位。随后在这个位置附近停留了 3 个月。克莱斯勒汽车从 1928 年的最高价起算，总计下跌了 135 点。

如果一只股票在牛市行情的第一年或是第二年就出现急促上涨并构筑顶部，随后在接下来的两年内都没有穿越牛市头两年内创出的顶部，这是该股处于弱势的明显标志。因此，我们应该在其出现趋势再次掉头向下的时候卖空该股。我们通过查看该股的月线图表和周线图表就可以判断趋势是否已经发生了变化。例如：

玉米制品（Corn Products） 就是一个很好的例子。该股是 1933 年的早期领涨股之一。1933 年 8 月和 9 月，玉米制品持续上涨并到达了 90$\frac{5}{8}$ 的顶部。1934 年 8 月，该股下跌到了 56 点。这里出现了吸筹的迹象，并且趋势在此再次掉头向上。然而，该股在 1935 年 3 月开始上涨时的速度却没有超过 1933 的上涨速度。玉米制品在 1935 年 7 月上涨到 78$\frac{3}{8}$ 的最高点。通过研究玉米制品的月线图表和周线图表，我们不难发现其实该股已经见顶

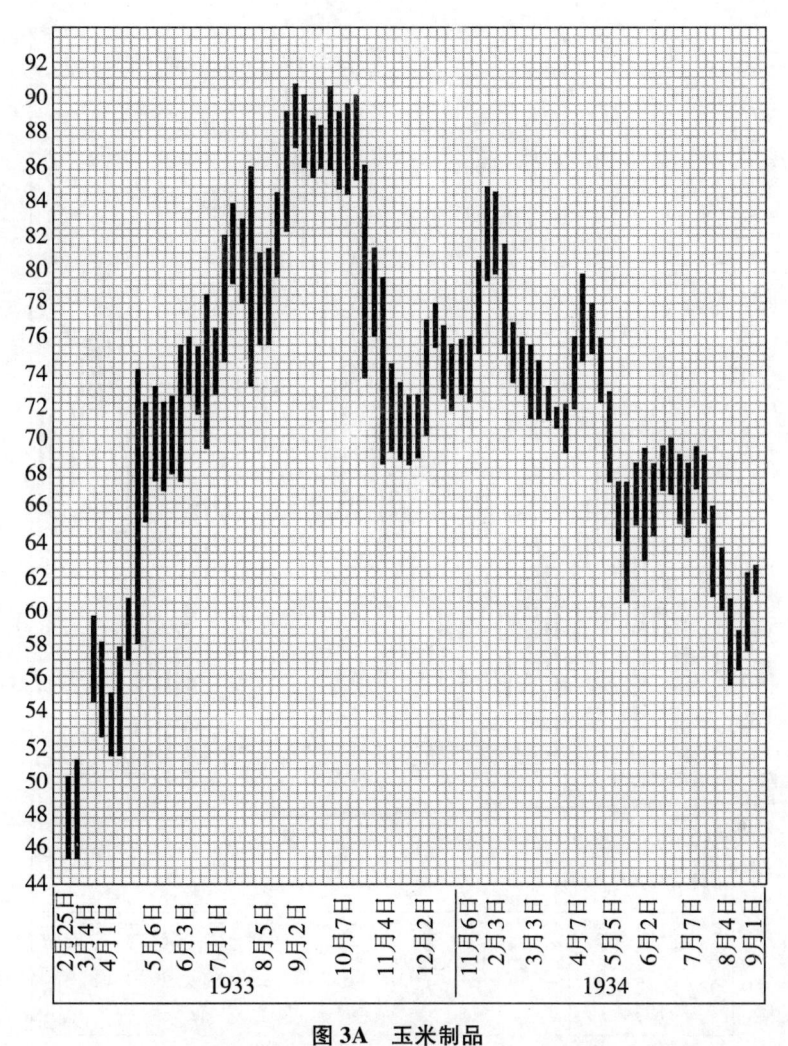

图3A 玉米制品
最高价和最低价周线图表：1933～1934年

了。参见图 3A 和图 3B 的玉米制品周线图表。玉米制品 1935 年 7 月的最高价距离 1933 年 8 月和 9 月的最高点还有 12 个点，这表明该股的卖盘大于买盘。1935 年 10 月，玉米制品下跌到了 60 点，比 1935 年 7 月的最高价低了 18 个点。与此同时，平均指数和其他个股在 1935 年 8 月、9 月和 10 月期间都在继续上涨。根据交易规则，上面的分析证明了我们应当通过卖空玉米制品来赚钱，并且可以在同期买进类似西屋电气这类处于多头行

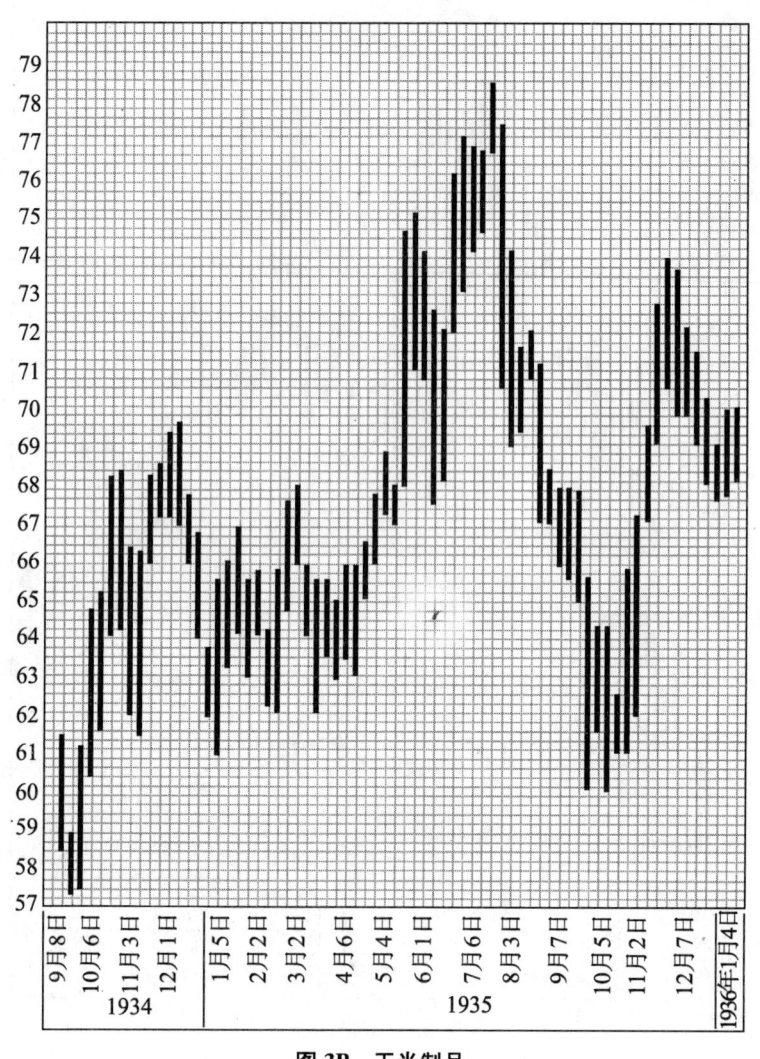

图 3B 玉米制品

最高价和最低价周线图表：1934～1935 年

情的股票获得赢利。

注意到玉米制品在 1935 年 7 月 13 日结束的那周，股价出现了窄幅波动。随后在 7 月 20 日结束的那周，玉米制品放量陡直下跌到了 70½ 点。这表明该股的趋势已经变化并且掉头向下，我们可以卖空该股。与此同时，道琼斯平均指数呈现出强劲的上涨。但是，平均指数的上涨趋势，并不是我们逆玉米制品的下跌趋势买进该股的理由，因为玉米制品已经明确表明是一只卖空股。

如何探测牛市中的早期领涨股

一轮熊市行情中，有一些股票会比其他的股票提前下跌并构筑底部，因此更早开始吸筹，这类股票就是牛市中早期的领涨股。

当一些股票领先其他股票穿越前些年的顶部，或是最近几个月的最高点，这类股票就是上涨趋势中的早期领涨股。

在每一轮牛市行情中都有早期的领涨股，或是一些股票会提前上涨，并且领先其他股票到达顶部。这些股票在1931年就开始筑底，并且进行吸筹；而其他股票则在同期持续下跌，并且在1932~1933年才开始上涨。例如：

美国商业酒精（American Commercial Alcohol）：1929年4月的极限高点是90点；1931年10月的极限低点是5点。该股于大盘在1932年到达底部的前8个月开始构筑底部并收集筹码。我们注意到美国商业酒精维持窄幅波动并大量收集筹码。1932年5月，在其他股票纷纷创出新低的同时，美国商业酒精穿越了过去几年的所有顶部并出现上涨趋势。1932年9月，该股的最高价为27点；1933年的最低点是13点，比上一个底部高出2个点。1933年5月，美国商业酒精穿越了1932年的高点，并且在1933年7月上涨到了90点的最高价。这与1929年的最高点相同，但是没有能穿越这个高点。因此，该股在这里就形成了一个双顶。我们在这个位置应当卖出手中的股票并转为卖空操作，同时要在1929年的顶点上方3个点的位置设置止损单。该股在1934年7月下跌到20¾点；12月反弹到34½点。1935年6月，美国商业酒精下跌到了22½点，比前一个底部高出1¾个点。这表明了该股获得了良好的支撑。随后该股在23~28点之间维持了7个月，在1935年11月穿越28点，显示出了上涨趋势。1935年11月，该股穿越了1934年12月的高点34¾点。只有美国商业酒精的股价高于这个价位3个点时，我们才能确认该股还能继续上涨。

美国熔炼（U. S. Smelting）：这是另外的一只早期领涨股，该股清晰地显示出了将率先大幅上涨的迹象（图4）。1929年4月，美国熔炼的最高价是72⅞点；1931年9月，该股下跌到了最低价12⅜点；11月又反弹到了

26点；1933年6月，美国熔炼下跌到了极限低价10点，这也是该股的历史最低价。我们注意到美国熔炼的年线图表，1907年，该股的最低价是24¼点；1915年的最低价是20点。1916年的最高价是81½点，这是该股当时的最高价。1923年的最低价是18点；1929年的最高价是72⅞点，这是1916年以来形成的一些较低的顶部。1932年6月，该股创出了历史新低。

大规模的吸筹在一个窄幅波动区间出现了。1933年4月，美国熔炼穿越了26点的股价，高于1930年以来的所有顶部。这时，我们应该开始买进该股，并在股价上涨的过程中持续加码。随后该股就快速上涨，并在1933年7月穿越了1929年的最高价73点，这是该股会继续走高的明确标志，也是我们应该加码的位置。接下来美国熔炼突破了历史最高价，1916年的最高价81点。这时，我们应该再次加码。1933年9月、10月和11月，美国熔炼的高点都在105点附近。1934年2月，该股穿越了105点，我们在这里还应该继续加码。1934年7月，美国熔炼上涨到了141点，从最低价起算，足足上涨了131点。与此同时，其他股票则在构筑底部。这是一轮与大盘趋势相反的快速上涨行情，随后，美国熔炼开始走低，并显示出下跌趋势；而同期其他股票仍然是上涨趋势。1935年9月和10月，美国熔炼下跌到了最低价92点。

美国工业酒精（U. S. Industrial Alcohol）：1932年6月，美国工业酒精创下了13¼点的最低价；1932年9月，上涨到36点。1933年2月，该股的次级下跌使得股价下跌到13½点，高于1932年的最低价1½个点就停住了。这个双底显示该股处于强势，因此成为买进点。1933年7月，美国工业酒精上涨到了94点。这次暴涨的原因是美国废除第18修正案的利好消息，以及公众对威士忌酒类股和其他工业酒精公司盈利的过分夸大引起的。公众狂热地买进导致股价上涨过高。该股1933年2月的最低价13½点陡直上涨到1933年7月的最高价94点。但是，这种极端的上涨速度的结果就是股价的崩跌。1934年9月，美国工业酒精下跌到了32点。道琼斯平均指数在1934年7月26日又出现了一个低点。1934年12月，美国工业酒精反弹到了47点。在此之后，该股的波动变得缓慢，被市场甩在了后面，一直到1935年9月才再次穿越47点这个价位。

如果想要跟随趋势，我们在美国工业酒精1933年一路上涨的过程中都

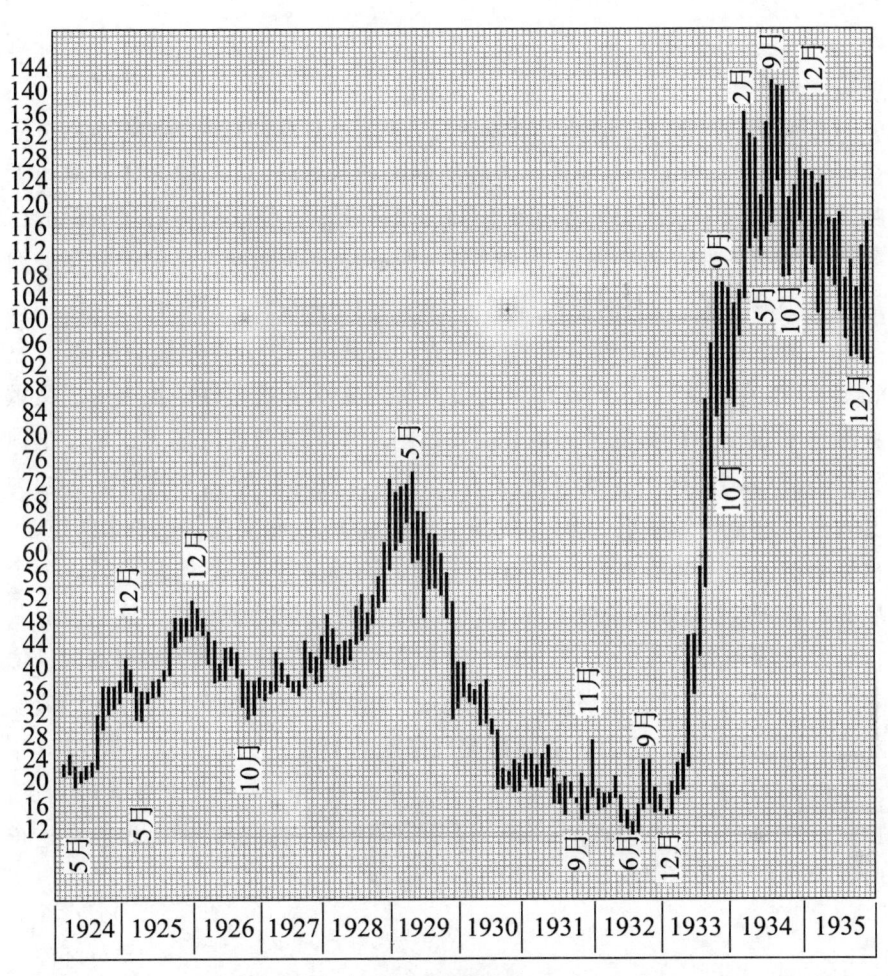

图 4　美国熔炼

最高价和最低价月线图表：1924～1935 年

可以买进。当周线图表上显示该股趋势掉头向下后，我们就要开始卖空。

联合水果（United Fruit）：1932 年 6 月，该股的极限最底价是 $10\frac{1}{4}$ 点，有明显的吸筹迹象，趋势掉头向上。1933 年 3 月，当该股穿越了 1932 年的最高价 $32\frac{3}{8}$ 点后，表明该股将是一只早期的领涨股。在 1933 年、1934 年和 1935 年早期，联合水果的确是一只不错的领涨股。1933 年的最高价是 68 点；1934 年的最高价是 77 点；1935 年 5 月的最高价是 $92\frac{3}{4}$ 点。只要该股不断抬升底部和顶部，我们都可以继续买进。但是，当联合水果在 1935 年 6 月提前于其他股票趋势掉头向下时，我们也应该紧跟趋势，进行卖空操作。

克莱斯勒汽车（Chrysler Motors）：1932 年 6 月，克莱斯勒汽车的极限最底价是 5 点；1932 年 9 月，该股的最高价为 21¾ 点。1933 年 3 月，下跌到了 7¾ 点，比 1932 年的最低价高出 2¾ 点，这是该股强势与吸筹的信号，也是一个很好的买进点。1933 年 4 月，克莱斯勒汽车伴随成交量的增加开始变得活跃，5 月时股价穿越了 1932 年的最高价，这是该股会继续走高的明确信号。随后，克莱斯勒汽车先后穿越了 1931 年的最高价 25¾ 点和 1930 年的最高价 43 点，1934 年 2 月，克莱斯勒汽车伴随很大的成交量上涨到了 60⅜ 点的最高价。该股的日线图表和周线图表都显示这是一个顶部，趋势将调头向下。1934 年 8 月和 9 月，克莱斯勒汽车的最低点均为 29¼ 点。这个价位接近 1932 年的最低价位和 1934 年最高价位一半的位置，这说明该股处于强势形态。1935 年 3 月，该股又在 31 点构筑了另外一个底部，在 1934 年最低价之上的 1¾ 点价位止跌，并形成双底，这是该股获得良好支撑和买进点的信号。1935 年 8 月，克莱斯勒汽车以 60⅜ 点的价位穿越了 1935 年 3 月的最高价，这是该股会继续走高的明确标志，我们应该在此加码。1935 年 12 月，克莱斯勒汽车最高上涨到了 93⅞ 点。从 1935 年 3 月的最低价到 1935 年 12 月的最高价，克莱斯勒汽车总共上涨了 62⅞ 点，期间没有一次超过 9 个点的回调。这是完美的加码机会，因为该股在这个时期内自始至终都明确显示强劲的上涨趋势。

如何探测一只股票是否处于强势形态

如果能遵循我在《江恩股市定律》、《江恩选股方略》和《江恩测市法则》这三本书中给的交易规则，你能很容易挑选出处于强势形态的股票。例如：

西屋电气（Westinghouse Electric）：1932 年，西屋电气的最低价为 15⅝ 点，与 1907 年的最低价相同。根据我书中的交易规则，此时我们应该买进该股，并在老底下的 3 个点位置设置止损单。1932 年 9 月，该股的最高价为 43½ 点；1933 年 2 月的最低价为 19⅜ 点，高于老底 3¾ 个点，表明该股获得了良好的支撑。随后该股变得沉闷，在一个窄幅区间维持了一段时间。根据我书中的交易规则，我们应该在此时密切关注该股趋势的变化，就会发现吸筹正在进行，因此应当买进该股。选择西屋电气作为观察对象的原因在于这只股票从来没拆细过，同时也没有在1929年的大牛市中进行过分红。

1933年7月，西屋电气穿越了1932年的最高价 $43\frac{1}{2}$ 点。这表明了该股会继续走高，因此我们可以在穿越老顶的时候加码。1933年7月，西屋电气上涨到 $58\frac{3}{4}$ 点。此时，该股的日线图表和周线图表都显示该股正在构筑顶部。因此，我们应该卖出手中股票并转为卖空操作。1933年10月，西屋电气下跌到 $28\frac{5}{8}$ 点，比1933年2月的最低价高出 $9\frac{1}{4}$ 个点，这表明该股仍处于强劲的上涨趋势。伴随着萎缩的成交量，该股在一个狭小的区间维持了很长一段时间，这是吸筹的信号。这个期间，西屋电气并没有向下击穿 $28\frac{5}{8}$ 点的底部。

1934年2月，西屋电气上涨到了最高价 $47\frac{1}{4}$ 点，并再次出现了巨大的成交量，日线图表和周线图表都显示出该股正在构筑顶部。此时，我们应该正在卖出手中股票，并转为卖空操作。1934年2月后，当时大部分的股票在调头向下，而该股大幅度上涨后的日成交量也高达500万股。1934年7月，西屋电气下跌到 $27\frac{7}{8}$ 点，仅仅比1933年10月的最低价低 $\frac{3}{4}$ 点。如果我们是以29点的价格买入该股，并且设置了一个止损价为26点的止损单，这次下跌就不会触及我们的止损单。1934年7月的低点之后，西屋电气开始进行窄幅波动，并一直持续到1934年的12月，这是吸筹的信号。关注这只股票的股市侦探就能清楚地看出该股正在收集筹码，因为该股未能跌到老底的1个点以下，因此他肯定会买进这只股票。

1935年3月，大部分股票出现回落，并且道琼斯工业股平均指数也在构筑底部，西屋电气也下跌到了 $32\frac{5}{8}$ 点的最低价。随后该股活跃起来，成交量也小幅增加。1935年4月，穿越了1934年的最高价 $47\frac{1}{4}$ 点，这强烈预示着股价将继续走高。因此，这是我们加码的位置。

1935年7月，西屋电气穿越了1933年的最高价 $58\frac{3}{4}$ 点，这是股价会继续走高的另一个强有力的证据，同时也是一个买进点。根据我们的交易规则，如果该股要保持强劲的上涨趋势，就不能下跌到老顶的3个点以下，也就是55点。果然，该股在穿越了 $58\frac{3}{4}$ 点后，仅仅回落到了57点，然后就一直上涨到1935年11月的最高价 $98\frac{3}{4}$ 点。这只股票非常适合我们进行加码操作,因为从1935年3月的最低价到1935年11月的最高价,西屋电气一直都是上涨趋势。

熊市行情后期创出新低的股票

在熊市行情的后期下跌的股票,或是经历了长达2~3年的漫长下跌并创出新低的股票,这类股票在跌破熊市行情的早期创出的低点后,并不会下跌得太远。我们的交易规则是,当一只股票下跌创出新低后,接下来的反弹回升到了老底的3个点以上时,这就预示着下跌已经结束,股票变现已经完成,该股已经做好了再次上涨的准备。

美国电话电报公司(American Telephone & Telegraph):在1907年股市恐慌期间,该股的最低价为88点。1932年6月,在持续了33个月的熊市之后该股跌破88点,并在1932年7月下跌到70$\frac{1}{4}$点,比1907年的最低价低了17$\frac{3}{4}$个点。但是就在同一个月,该股又出现了反弹,当月的收盘价为89$\frac{1}{2}$点,高于老顶88点。88点以下的下跌是该股最后一波股票变现的结果,接着的快速反弹表明了该股已经到达最后的底部。8月,美国电话电报公司上涨到了91点,比先前的老底88点高出了3个点,这预示着该股将继续走高。1932年9月,该股上涨到121点。根据我们的交易规则,我们应该已经在91点的位置买进了美国电话电报公司,因为91点比先前的老底高出了3个点。尽管该股从极限最低价已经上涨了20个点,该股随后还能在不足2个月的时间内上涨30个点。这也再次证明了只要始终遵循交易规则,我们总是能抓住个股的趋势,并且在趋势改变时跟着变化。

统一燃气(Consolidated Gas):1934~1935年,当其他股票都纷纷穿越先前的高点时,这是另一只出现最后一波股票变现的股票。该股在1923年的最低价是56$\frac{1}{8}$。1932年,统一燃气跌破了56$\frac{1}{8}$点,并一直下跌到32点。1932年9月,反弹到了66点,又在1934年7月跌破了1932年的最低价32点,一直下跌到1935年2月的15$\frac{7}{8}$点。1935年8月,该股反弹到34$\frac{1}{2}$,11月又回升到34$\frac{3}{4}$点。由于该股未能到达超过1932年的最低点32点3个点的位置,表明该股处于弱势状态,我们应该卖出该股并转为做空操作。1935年9月,该股下跌到25$\frac{5}{8}$点。当统一燃气上涨穿越35点时,也就是超过老底3个点,就将预示着该股将会上涨到更高的价位。

1929年牛市后期创出新高的股票

道琼斯30种工业股平均指数在1929年9月3日到达了极限高点。美国钢铁和其他一些领涨股在同一天到达最高价。但是,对于不愿意花时间和精力去记录股市行情的人,很少有人知道在1929年9月股市大崩跌之后,有些股票还是继续上涨,并在1929年10月初才到达最高点。

铁姆肯滚动轴承(Timken Roller Bearing):铁姆肯滚动轴承在1929年9月的最高价是119½点,极限高价139⅜点则是在1929年10月到达的,也就是该股在10月这个月内就上涨了20个点。与此同时,平均指数从9月的高点下跌了100个点。

美国工业酒精(U. S. Industrial Alcohol):该股在1929年9月的最高价是226½点,1929年10月初,美国工业酒精上涨到最高价243⅝点,比9月份的最高点高出17点,而此时大盘正遭遇强大的抛售而崩盘。美国工业酒精这个时候逆势上涨是因为该股还差最后一波形成顶部的上涨。

如果我们因为看到平均指数以及其他股票趋势调头向下并适合卖空操作,就卖出手中的铁姆肯滚动轴承或是卖空美国工业酒精,那么我们就错了。只有遵循我们的交易规则,买进符合趋势的股票,作为必须的要求,我们要持有这些股票一直到它们见顶,并出现下跌趋势的信号。

牛市结束之后第二年创出新高的股票

牛市行情中,当市场出现最后顶部之后,通常会出现一轮陡直而快速的下跌。接下来就会出现一个次级反弹,反弹结束后接踵而至的就是漫长的熊市。股市在1929年9月上涨到极限高点后,11月和12月出现了恐慌性下跌,这也是历史上最剧烈的下跌。之后股市回升,并在1930年4月形成了一个次级顶部。道琼斯工业股平均指数比1929年的顶部低了接近100个点;然而,有一些股票却在1930年4月创下了它们的极限高价。

研究哪类股票会创出历史新高,以及找出背后的原因是一件非常有趣的事情。在1930年4月上涨到新的高价区域的这类股票，大多数的流通股本都很小，因此易于操纵。即便是此时其他股票还处于熊市，并且股价远远低于1929年的最高价，当这类股票穿越1929年的最高价时，自然而然地预示着它们还将继续走高。因此，我们要跟随它们的上涨趋势，直到显示出见顶的迹象。

可口可乐（Coca Cola）：该股在1929年进行了拆细。1930年开始上涨，一直涨到1930年6月才到达最高价191$\frac{3}{8}$点。鉴于可口可乐延后了见顶的时间，自然也会推迟见底的时间。1932年6月，大部分的股票见底的时候，可口可乐仍然在下跌的过程中，一直到1932年12月才下跌到最低价68$\frac{1}{2}$点。随后，该股显示出吸筹的特征，并且主要趋势掉头向上。之后，可口可乐逐年走高，不断抬高底部和顶部，最后在1935年11月上涨到298$\frac{1}{2}$点。可口可乐再次进行了分拆，即1股变为4股。

电力与照明（Electric Power & Light）：在1929年11月的恐慌性下跌中，电力与照明也下跌到29$\frac{1}{8}$点的低价。1930年4月，该股上涨到了103$\frac{1}{2}$点，比1929年9月的最高价高了17个点。当该股穿越1929年4月的最高价时，我们应该跟随上扬走势直到显现趋势掉头向下的信号。当该股跌破1929年的最高价并且表明了下降趋势时，我们也要像操作其他股票一样，跟随其下跌趋势，进行卖空操作。

1932年7月，电力与照明下跌到2$\frac{3}{4}$点；1933年9月，该股又上涨到16点。随后，电力与照明在1933年、1934年和1935年都持续走低。当其他股票在1934年和1935年持续上涨的时候，电力与照明却未能穿越1933年9月的最高价，表明应当卖空该股。1935年3月，公用事业板块因为不利的法案而遭受到沉重的压力，电力与照明也因此到达了一个极限低价1$\frac{1}{8}$点。由于电力与照明持续走低，并且不断创出新低，这表明了该股的趋势向下，我们也应该跟随该股的下跌趋势，卖空这只股票。

钒钢（Vanadium Steel）：1929年2月，该股的最高价为116$\frac{1}{2}$点，1930年4月的最高价为143$\frac{1}{4}$点。1935年4月，最低价为11$\frac{1}{4}$点。钒钢之所以上涨到如此高价位的原因之一，就是该股的市场供应量很小，同时又是一只小盘股。当时，该企业的董事们在股票投机上赚了很多钱。随后该公司也遭受大萧条的影响，业务变得匮乏，财务状态处于非常糟糕的状态。1935年4月，该股下跌到了11$\frac{1}{4}$点。之后，钒钢回升得非常缓慢，如同1930年那样成为市场的滞后股，原因就是钢铁业是所有行业最慢也是最后从大萧条中走出的行业。

国家钢铁（National Steel）：国家钢铁的浮动筹码非常小，因此将这只股票的形态与其他钢铁股进行对比就显得十分重要了。这家企业在大萧条期间业绩非常好，要比美国钢铁和钒钢强很多。国家钢铁是牛市行情中很晚才上涨的一只股票，1930年4月，该股才在76½点形成顶部。随后在1932年6月下跌到13⅛点。1933年、1934年和1935年，该股的底部逐年上移。1935年7月，股价穿越了1934年2月的最高价，这预示着该股将继续走高。我们应当在这个位置加码。1935年11月，国家钢铁上涨超过了1930年4月的最高价。这家公司的总股本很小，并且管理完善，比美国钢铁（U. S. Steel）、伯利恒钢铁（Bethlehem Steel），以及其他钢铁企业更具发展前景。不管如何看待这家公司，我们还是要跟随该股的趋势。如果该股趋势调头向下，那我们也要顺应这样的趋势。

穿越1929年最高价的股票

我在前文已经说过，我认为平均指数不会再次穿越1929年的最高点。然而一些个股则屡次穿越1929年的最高价并创出新高。例如：

美国安全刀片（American Safety Razor）：1932年6月，该股的最低价是13⅜点。1933~1934年，美国安全刀片一路上涨，期间没有出现过一次持续时间超过2~3个月的回调。1935年2月、3月和4月期间，股价一直维持在1929年的最高价75点附近。1935年5月，股价穿越了75点，这是该股进入新的高价区间的明确信号，因此该股将继续上涨。1935年7月，股价上涨到95¾点。美国安全刀片从1932年就显示出上涨趋势，是一只早期的领涨股。我们可以持续买进该股，并在该股穿越1929年的最高价时加码。

我们可以把吉列（Gillette）与美国安全刀片进行对比，看看跟着美国安全刀片买进吉列会是什么样的结果。1933年9月，吉列创出了7⅝的新低，随后一个狭窄的区间波动。1935年8月，吉列下跌到了最低点12点。

哥伦比亚电影（Columbia Pictures）：1930年4月，该股的最高价为

54¾点。在1931年12月跌到2⅝点，该股比其他股票提前6个月见底。1932年7月，当其他股票到达极限低价的时候，哥伦比亚电影已经穿越了过去的一些老顶，显示出上涨趋势。1933年3月，又回落到6⅝点，比1931年的的最低价高出4个点，表明该股获得了良好的支撑。接着该股又在1933年5月突破1932年的顶点，表明该股将会继续走高。1935年，哥伦比亚电影上涨到81点的最高价。而该股票同一板块的其他电影公司股票，如派拉蒙（Paaramount）、雷电华（Radio—Keith—Orpheum）以及华纳兄弟（Warner Brother）等股票纷纷落在破产清算人的手中，并维持在一个低价水平，整个电影版块只有这只股票在上涨。因此，我们必须始终买进强势股，并远离弱势股。

刚果嫩姆（Congoleum）：1930年12月，该股的最低价为6¼点，盘面上出现了在这个价位长期吸筹的迹象，并在1933年3月下跌到最后一个低点7½点。随后，该股不断抬高顶部和底部，并在1935年7月以35¾点穿越了1929年的最高价。

麦基斯波特锡业（McKeesport Tin Plate）：1932年7月，该股到达28点的极限低价；9月的最高价是56⅝点；12月该股的最低价为40⅛点。1933年2月，当其他股票正处于低位时，该股却上涨到了57点，高于1932年9月的最高价，这是该股会继续走高的明确信号，1931年的极限高价103½点。这表明了麦基斯波特锡业正处于一轮直线上涨的牛市行情的早期阶段，是一只真正的领涨股。1933年8月，该股的最高价是95¾点；10月的回调又回落到了67¼点。1934年2月，该股上涨到94¼点；1934年7月的最低价是79点，整个上涨过程中底部一直都在抬高。1935年4月，当该股穿越了1931年的最高价，这时我们可以很容易判断出该股处于强势，并且还能创出新高。

国民酒业（National Distillers）：1929年6月，该股的最高价是58½点，10月的最低价是15点。1932年的最低价为13点，与1926年5月的最低价12½点形成了双底，并在距离1929年10月的最低价2个点位置止跌了，表明该股在此处获得了牢固的支撑（图5）。此时，伴随着大规模的吸筹，当其他股票纷纷一路下滑并创出新低的时候，而这只股票出现了上涨的势头。1932年8月，该股的最高价是27¼点；1933年2月，该股的最低价是16⅞点。不断抬高的底部表明该股会上涨到更高的价位。1933年

第五章 探测股票趋势的新规则

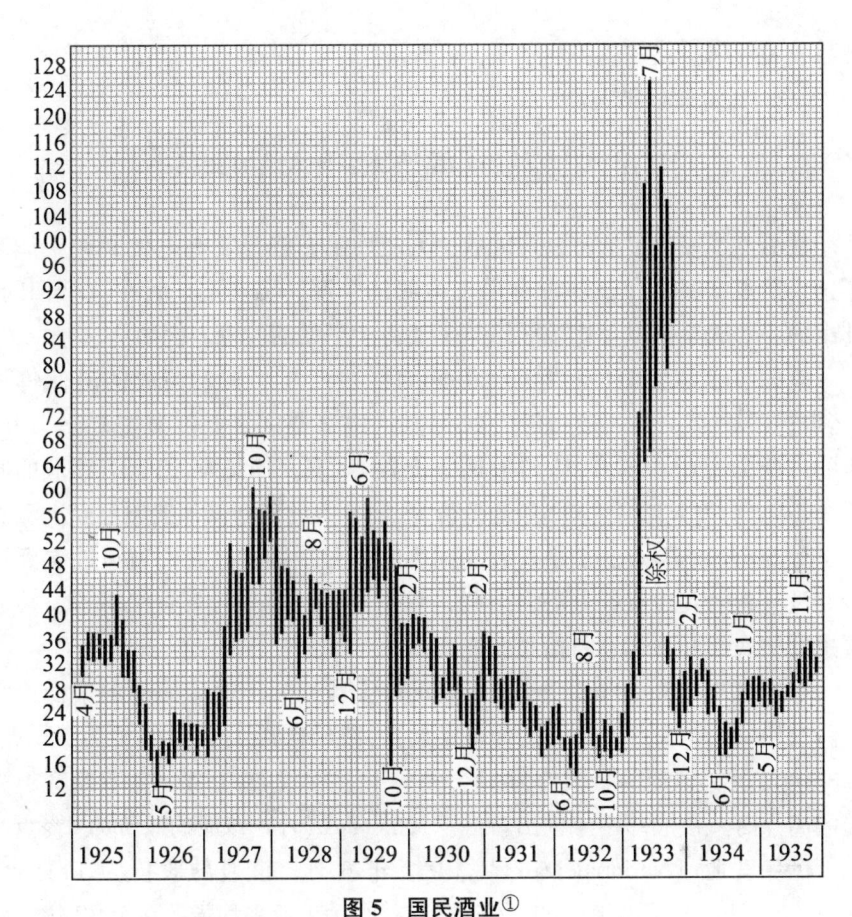

图 5 国民酒业①
最高价和最低价月线图表：1925~1935 年

4月，该股先后穿越了1932年的最高价27¼点和1931年的最高价36⅜点，这是该股会继续走高的另一明确信号。我们应当买进该股，并跟随该股的一路上涨进行加码。1933年5月，该股穿越了1928年和1929年的最高价附近的58点；1933年7月，该股的最高价到达了124点。这个时候，每个人都看多该股，并谈论着会上涨到500~1000点。我们应当在此时卖出该股，并转为卖空操作。随后，该股出现了一轮陡直的下跌。

这个例子阐明的智慧就是：我们要跟随特定个股的趋势，而不是平均

---

① 译注：图5中，国民酒业在1933年10月除权，具体比例原图不清。

· 53 ·

指数或是任何板块的趋势①。

1932～1935年间涨幅不大的股票

在浏览了一连串上市公司的股价列表后我们就会发现：在1932～1935年这个阶段，很多股票并没有出现大幅的上涨。事实上，就在这个期间，其中的一些股票创出了比1932年5～6月时更低的股价。例如：

美国国际（American International）：1932年7月，该股的最低价为$2\frac{1}{2}$点；1933年7月，最高价为$15\frac{1}{8}$点；1933年的最低价为$4\frac{1}{4}$点；1934年的最低价为$4\frac{3}{4}$点；1935年的最低价为$4\frac{1}{4}$点。1935年12月，该股的股价为10点，而此时在1932年最低价为3～5点的那些其他股票已经上涨到25点、50点和75点。如果查看美国国际的月线图表，我们就可以看到该股并没有跟随其他股票上涨。因此，我们应当对这只股票置之不理，转而买进那些底部和顶部不断抬高的股票。

标准煤电（Standard Gas & Electric）：1932年6月，该股的最低价为$7\frac{5}{8}$点；1933年3月，最低价为$5\frac{1}{8}$点；1934年12月，最低价为$3\frac{5}{8}$点。1935年3月，该股的最低价为$1\frac{1}{2}$。当其他股票不断上涨，并不断穿越先前的高点时，该股却逐年创出新低。1935年12月，该股的股价为$6\frac{3}{8}$点。

国民乳业（National Dairy）：1932年6月，该股的股价为$14\frac{3}{8}$点；1933年2月，股价为$10\frac{1}{2}$点。当道琼斯30种工业平均指数在1932年的最低点9个点以上位置时，该股却比1932年的最低价低了4个点。因此，我们不能在1933年3月买进国民乳业，原因在于一只股票如果是早期的领涨股必然会快速上涨，而这只股票却明显处于弱势。虽然国民乳业在1933年还是有所上涨，但是涨幅远远不及当初最低价相差无几的其他股票。

1933年7月，该股上涨到$25\frac{3}{4}$点，但是随后趋势又掉头向下，并在1933年12月下跌到了$11\frac{1}{4}$点的最低价，这与1933年2月的最低价形成了双底，这个价位要稍高于1933年2月的最低价。如果你想买进这类上涨缓慢的股票，这里就是一个买进点。1934年7月，该股创出了$18\frac{3}{4}$点的高

---

① 译注：江恩在这个例子中，阐明了在能够识别和把握特定个股趋势的前提下，可以在实际操作中抛开大盘和板块，进行个股的趋势交易。

点；1935年3月，下跌到了12⅞点的最低价，并进行缓慢波动。该股1935年3月的最低价比1933年12月的最低价高出2个点的事实，表明该股获得了支撑，并且会最终出现上涨。该股一直到1935年11月才穿越了1934年的最高价。因此，你也不必担心当平均指数和那些已经大幅上涨过的其他股票出现下跌时，国民乳业也会同样下跌，原因在于国民乳业刚刚上涨到一个新的高点。不管这只股票后面会涨到多高或是跌到多低，该股都不会像其他股票那样快速地下跌。我这里所说的其他股票是指那些已经大涨过的或是从1932年的最低价上了75个点以上的股票。

美国房产（U. S. Realty）：1929年，该股的最高价为119½点；1932年6月，最低价为2点；1933年7月，最高价为14½点；1935年3月，最低价为3点，仅仅比1932年的最低价高出1个点；1935年12月，最高价是11½点。因为这只股票控制着纽约不动产，而不动产往往是最后一个上涨的产业，所以美国房产顺理成章地成为最后上涨的股票。如果该股想要再次出现强势的上涨趋势，首先必须穿越1933年的最高价。

肯的乐糖果（Loft Candy）、**大陆汽车**（Continental Motors），以及其他的一些股票，既没有显示出会活跃起来的迹象，也没有像其他股票一样穿越前些年的高点。我们要始终买进那些穿越了先前股价的高点，并且不断抬高顶部和底部的股票，因为这些股票才是我们最值得买进的股票；同时要远离那些死气沉沉，交易不活跃的股票。

牛市中的弱势股

熊市中，股票创出极限低点后就会开始反弹。弱势股就是在牛市行情开始后仅仅反弹2～3个月，随后就再也没有能够穿越第一次反弹的最高价。

1932年7～9月，一些股票出现了持续时间为2个月的陡直反弹，之后就再也没能穿越反弹时的顶部。原因在于这些弱势股的空头回补导致了反弹，但是在空头回补之后并没有出现维持股票趋势性上涨的足够买盘。因此这些股票将逐渐走低，或是进行窄幅波动。例如：

美国家庭用品（American Home Products）：这只股票在1932年7月下跌到25点；反弹2个月之后在1932年8月到达了43¾点；1933年12月，

该股再次下跌到了 25 点。1935 年结束时，该股的股价在 36 点左右。该股一直都没有能够穿越 1932 年 2 个月反弹时形成的顶部，表明该股处于弱势。我们不能在这样的股票中选择领涨股。

如何发现独立行情的股票

奥本汽车（Auburn Motors）：奥本汽车是一只经常走独立行情的股票。也就是说，该股与汽车板块的其他股票的趋势相反。当汽车板块其他股票下跌时，该股正在上涨；当其他股票上涨时，该股却在下跌。

1932 年 5 月，该股的最低价为 28¾ 点；1932 年 8 月，最高价为 81 点；1933 年 2 月的最低价为 31 点，比 1932 年的最低价高出了 2¼ 点，这是获得支撑的信号。1933 年 7 月，该股的最高价到达 84¼ 点，仅仅比 1932 年 8 月的最高价高出 3¼ 点。随后，奥本汽车趋势掉头向下，并快速下跌。1933 年 10 月，该股下跌到了 31 点，与 1932 年 2 月的最低价相同。1934 年 3 月，该股反弹到了 57⅜ 点，形成了一个相对低的顶部，这表明该股处于弱势。1934 年 6 月，该股跌破了 29～31 点附近的所有低点；1934 年 7 月，下跌到了 17 点；随后反弹到了 30 点，正好在先前的老底下面遭遇到了卖压。该股不能上穿老底就表明了处于弱势，预示股价将会走低。1935 年 3 月，该股创出有史以来的最低价 15 点；随后开始上涨，并在 8 月穿越了 30 点，高于先前的顶部 2 个点，同时也上穿了先前的老底，预示该股会继续上行。1935 年 10 月，奥本汽车上涨到了 45½ 点。

克莱斯勒汽车（Chrysler Motors）：对比一下克莱斯勒汽车和奥本汽车在几个不同时期的强弱形态，我们就可以看到当一只股票处于弱势时，另外一只股票就会处于强势：

1932 年——6 月，克莱斯勒汽车的股价为 5 点；而在同一个月内奥本汽车则上涨到了 77⅛ 点。

1933 年——2 月，克莱斯勒汽车的最低价为 7¾ 点；奥本汽车则形成了 31¼ 点的最低价。9 月，克莱斯勒汽车上涨到 52⅞ 点；奥本汽车的股价为 45 点，距离 7 月的 84¼ 高点总计下跌了 39 个点。就在克莱斯勒汽车不断走强时，奥本汽车却呈现出弱势。

1934 年——8 月，克莱斯勒汽车形成了 29¼ 点的最低价，奥本汽车的

第五章 探测股票趋势的新规则

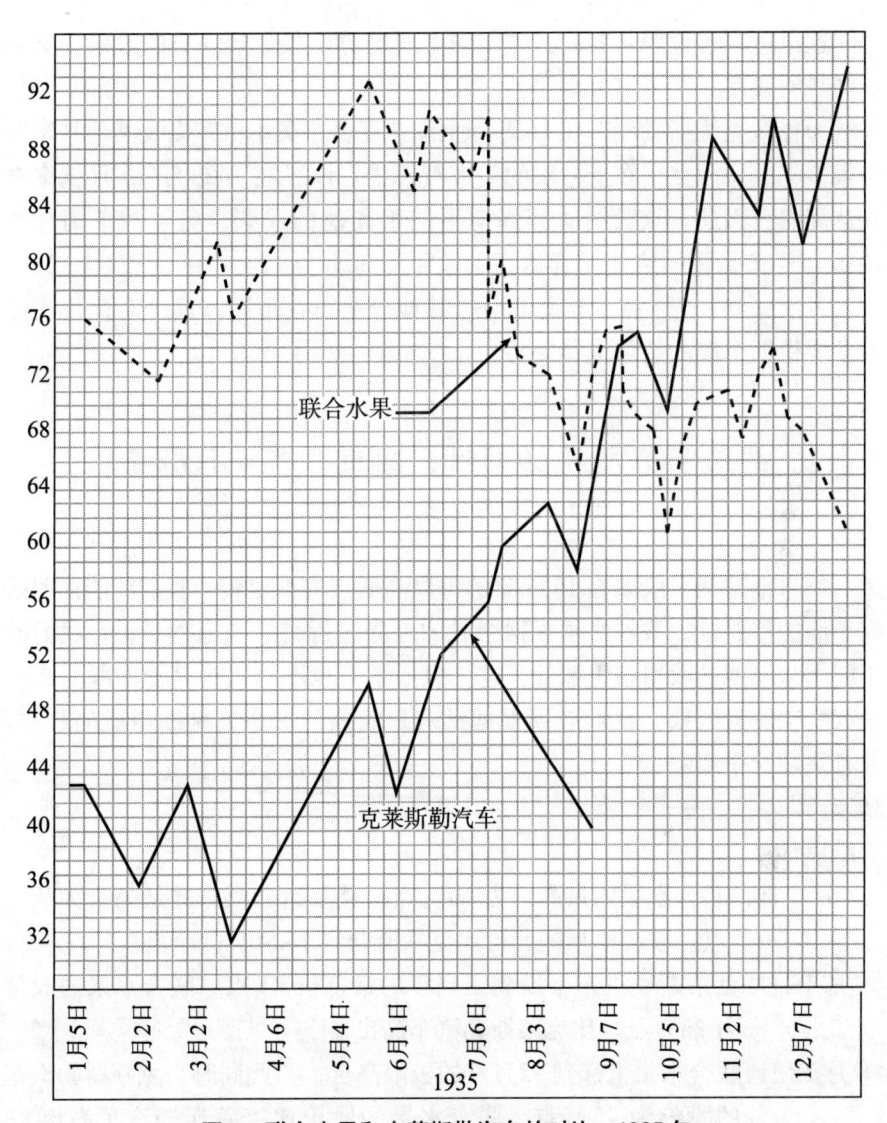

图 6 联合水果和克莱斯勒汽车的对比：1935 年

最低价为 17 点。

1935 年——7 月，克莱斯勒汽车穿越了 1934 年的最高价 60⅜点；而此时奥本汽车的股价却远远低于 1934 年的最高价。当奥本汽车在 1935 年 10 月上涨到 45 点时，克莱斯勒汽车则上涨到了 88¾点，股价比奥本汽车在 1933 年的最高价还要高。

这也进一步说明：我们必须跟随个股趋势，买进最强势的股票，卖空最弱势的股票。

为什么克莱斯勒汽车在1935年上涨速度会比奥本汽车以及其他汽车股快很多呢？原因在于在上一次的牛市行情中，该股在1928年10月就率先到达高点。因此，该股的时间周期不同于其他的股票。奥本汽车则是在1929年牛市行情的晚期才到达高点，回试60$\frac{3}{8}$点后又一路上涨，在1931年4月上涨到295$\frac{1}{2}$点。与此同时，其他股票正在下跌。这个对比再次证明了要根据个股的趋势进行交易。

买进一只股票的同时，卖空另外一只股票
——联合水果与克莱斯勒汽车的比较

如果把这两只股票在1935年的每周高低点进行比较，我们就能证明研究个股的重要性。我们必须根据个股的趋势进行交易。也就是说，我们既不能因为其他的股票在上涨就买进一只股票，也不能因为其他的股票在下跌就卖空一只股票。我们必须根据每一只股票的形态来判断个股的趋势，并且跟随这个趋势。

1935年

周结束日

1月5日：联合水果的最高价为75$\frac{1}{2}$点；克莱斯勒汽车的最高价为42$\frac{1}{2}$点。联合水果的股价比克莱斯勒汽车高出33个点。

3月16日：克莱斯勒汽车下跌到了当年的最低价31点；联合水果的股价为75$\frac{1}{8}$点，比克莱斯勒汽车高出44$\frac{1}{8}$个点。

5月18日：联合水果上涨到92$\frac{3}{4}$点的极限高价；与此同时，克莱斯勒汽车的股价为49$\frac{3}{8}$点。联合水果的股价比克莱斯勒汽车高出43个点。

此时，如果我们跟随克莱斯勒汽车的上涨趋势就要买进该股；同时联合水果的趋势是向下，我们就应当卖空。这样我们就可以通过双向交易获得大量的赢利。

8月10日：联合水果的股价为72点，与5月18日那周的最高价相比，下跌了20$\frac{3}{4}$个点。

克莱斯勒汽车的股价为 62¾ 点，与 5 月 18 日那周的最高价相比，上涨了 13⅜ 个点。此时，联合水果的股价仅仅高于克莱斯勒汽车 9¼ 个点。

8 月 24 日：克莱斯勒汽车的股价回调到了 57½ 点。

联合水果的股价为 65 点，仅仅高于克莱斯勒汽车 7½ 个点。

9 月 14 日：克莱斯勒汽车的股价为 74 点，联合水果的股价也为 74 点。与 5 月 18 日那周的最高价相比，联合水果下跌了 18¾ 点；而克莱斯勒汽车则上涨了 24⅝ 点。这样，如果当初买进了克莱斯勒汽车，我们就有了 24 个点的利润；如果我们在先前也卖空了联合水果，我们也有了 18 个点的利润。联合水果的趋势仍然向下；克莱斯勒汽车的趋势依旧向上。我们可以根据两只个股的不同趋势进行相应的操作。

10 月 5 日：克莱斯勒汽车的低点是 69 点；联合水果的极限低点下跌到了 60½ 点，距离高点下跌了 32¼ 个点。克莱斯勒汽车的股价高于联合水果 8½ 个点。

11 月 23 日：克莱斯勒汽车的高点为 90 点；联合水果的股价为 73½ 点。克莱斯勒汽车的股价高于联合水果 16½ 个点。

12 月 28 日：克莱斯勒汽车到达了当年的极限高点 93⅞ 点；联合水果再次下跌到了 60⅞ 点。此时，克莱斯勒汽车的股价高于联合水果 33 个点。

联合水果和克莱斯勒汽车的周线摆动图表向我们展示了个股先前价相差很远的不同股票，随后就逐步靠拢并且重叠。接下来，其中的一只继续走低，而另一只则持续上涨的变化过程。

这种对比并不是特例。1935 年，股市中有很多这样的股票，即一些股票上涨的同时而另外一些股票却在下跌。这个例子足以证明，如果在联合水果一路下跌的过程中卖空该股，同时在克莱斯勒汽车的整个上涨的过程中加码做多，我们就将获得更多的赢利。

卖空弱势股或是趋势向下的股票，同时又买进趋势向上的股票，这样我们就能经常同时在多头和空头交易中赚到钱。

反弹或下跌仅仅持续2~3个月的股票

可以作为一条规则：一只股票在牛市中的上涨过程中下跌的持续时间不会超过2~3个月，并会在第三个月恢复上涨趋势，继续上涨。如果一只股票处于走低的过程中，也会在第三个月继续下跌。

克莱斯勒汽车（Chrysler Motors）：该股从1926年3月的最低价28点开始上涨，一直持续上涨到1928年10月的140½点，期间从未出现过持续时间超过2个月的下跌；同样地，当该股到达从140½点的顶部开始下跌，一直持续下跌到1929年11月的26点，期间也从未出现过持续时间超过2个月的反弹。这充分说明这条规则的重要性。1930年4月，该股从43点一直跌到1932年6月的5点，期间同样没有出现持续时间超过2个月的反弹。

道琼斯铁路股平均指数：道琼斯20种铁路股平均指数在1929年9月到达历史最高点189点。平均指数在1929年11月的大恐慌中迅猛下跌；1930年4月，反弹到158点；1932年6月，下跌到13点。在此之前，铁路股平均指数在1896年8月出现过的最低点是42点。因此，当铁路股平均指数跌破历史最低点时，就预示点数还会下跌很多。因此，我们应该顺应铁路股平均指数的下跌而卖空铁路股，直到铁路股平均指数和我们卖空的铁路板块中的个股到达了底部，并且趋势正在发生改变时为止。

在熊市中，反弹的时间仅仅持续6~7周或是没有能超过2个月，并且第三个月没有创出反弹的新高，这是股票处于弱势的重要信号之一。从1930年3月开始到1932年铁路股平均指数到达最低点的这段时间，该指数的上涨时间从未超过2个月；而从1931年2月的最高点111点一直下跌到13点的过程中，该指数的反弹上涨时间从未超过1个月。这是非常弱势的信号，表明该指数对应的股票正在进行大规模的股票变现，是一个真正的恐慌性熊市。

是否应该卖空小盘股

在熊市中或是当一只股票的趋势向下时，卖空流通数量很小的股票和卖空流通数量很大的股票一样安全,因为这些股票在派发结束后都会下跌,而且会从非常高的股价下跌到非常低的价位。1929～1932年的股市大恐慌足以证明这点。例如:

Case 脱粒机(Case Threshing Machine):该股的流通股仅仅只有13万股。1928年11月 Case 脱粒机上涨到515点;1932年5月,下跌到了$16\frac{3}{4}$点的最低价,期间出现了多次陡直反弹。我们跟随该股的趋势,在长期的下跌过程中进行卖空操作。当该股显示出趋势向上的时候,我们回补空单并转为做多。那么在该股从顶部下跌接近500个点的过程中,我们就能够赚到一大笔钱。

奥本汽车(Auburn Motors):这是另一只在1929年9月股价到达514点的股票,最后在1935年3月该股下跌到了15点。

奥本汽车仅仅只有16.6万股的流通股,该股从1929年的极限高点到1935年的极限低点总计下跌了499点。当该股下跌到100点,或是50点时,有多少人能卖空奥本汽车呢?然而,我们应该清楚,只要一只股票长期趋势向下,就应该是一只可以卖空的股票,哪怕它的股价仅仅只有25点或是20点。对于多头也是同样的道理!只要一只股票的长期趋势向上,不管股价有多高,都是一只很好的买进股。只要奥本汽车的趋势向上,即便股价到达400点,仍然还是很好的买进股;同样地,只要奥本汽车的趋势向下,即便是在股价40点,该股依然是一只卖空股。

无线电(Radio Common):虽然这只股票的流通股数量不算小,但是在1929年3月该股到达了549点的极限高价,随后该股被拆细,即每1股被拆细为5股。1932年6月,该股下跌到了最低价$2\frac{1}{2}$点。在1929年,究竟会有几个人哪怕是做梦会想到该股会再次跌到$2\frac{1}{2}$个点呢?或许100万个人中也没有一个。从1929～1932年,该股在32个月内跌了$546\frac{1}{2}$个点,这是这轮熊市中所有股票中最大的跌幅。这个例子同时也清楚地证明了买断操作从来都没有价值,因为股票有可能会跌到一文不值。唯一正确的交易方法只有一条,即每一次交易的时候都要设置止损单,把我们的风险控制在几个点内。

不管总股本的数量是大还是小,只要趋势向下,股票就会下跌;同样,只要趋势向上,股票就会上涨。

等待处于底部的股票发出明确的买进信号

在一轮恐慌性或长期下跌的尾声时，通常会有充足的时间供我们在低价区间买进股票。我们需要做的就是研究过去的记录，并观察股票在1932年底部的表现，我们就能发现在股票上涨之前，在底部进行吸筹需要一段很长的时间。我们只有在股票开始上涨的时候买进才能快速地赚到钱。当一只股票处于底部吸筹阶段，如果你能承受几周或是几个月的时间消耗，你可以在该股的底部下方设置一个止损单，然后买进该股。

约翰-曼维尔（Johns-Manville）：这个例子很好地说明了，一只曾经的高价股，能够在很低的价位水平停留多长的时间。约翰-曼维尔在1929年的股价为 $242\frac{3}{4}$ 点。1932年4月，股价下跌到了10点。4月、5月、6月和7月，股价都维持在10点附近，底部吸筹花费了接近4个月的时间。1932年7月的下旬，约翰-曼维尔出现了上涨趋势并穿越了前几个月的顶部，并在1932年9月上涨到 $33\frac{3}{8}$ 点的最高价。当该股处于底部区间的时候，我们等待3～4个月后就能抓住这个在60天内赚到20个点利润的机会。我们可以以10点或是10点上方的股价买进该股，同时在9点的位置设置止损单，因为该股并没有触及这个止损价。约翰-曼维尔在1934年和1935年是一只很适合进行加码操作的股票，因为该股不断地穿越先前的顶部，并且持续抬高顶部与底部。1935年11月，该股到达了 $99\frac{1}{2}$ 点的最高价。

吸筹的完成需要时间。 不要犯很多交易者曾经犯过的错误。他们紧紧盯着行情报价机，试图抓住绝对的顶部或是底部[①]。这根本就做不到，他们反而会在最后赔掉所有的钱。不要去猜测或者期望市场会发生什么样的变化。我们应当等待趋势变化的明确迹象，并得到明确的买进信号后才进行交易。不要在平均指数和同一板块中的其他股票上花费太多的精力。我们要牢记：必须跟随个股的趋势。

---

① 译注：Eighth是当时美股价格纪录的最小单位。指有些交易者试图买在最低的⅛美元处，卖在最高的⅛美元处。

第六章 成交量

成交量是市场背后的真正驱动力,能够显示股票的供应量和需求量是在增加还是在减少。无论是来自专业的交易者、公众,还是其他类型的股票供应者还是需求者,大量的买进或是卖出的指令都无一例外地被记录在行情报价单上,并以成交量的方式显示出来。

因此,在我们采用了探测一只股票处于强势还是弱势的其他交易规则的情况下,如果我们仔细研究成交量,就会很清楚地看到股票趋势的变化。

通过成交量判定最高点的规则

规则1——在任何一个长期牛市的尾声或是一只个股快速上涨时,通常都会出现成交量大幅增加,这意味着行情的结束,至少也是暂时性的结束。在伴随很大成交量的陡直下跌后,次级反弹就会发生,同时成交量会降低,这表明该股已经构筑完最后的顶部,主要趋势将掉头向下。

规则2——如果一只股票在创出第二个相对较低的顶部后,开始变得沉闷并窄幅波动一段时间,也就是进行横向运动。当该股伴随放大的成交量向下突破这个区域时,这是股价会进一步下跌的信号。

规则 3——在经过几周、几个月，甚至几年的长期下跌后，股价即将触底的过程中，这时的成交量会减小，股价波动的区间也收窄了。这是该股正在进行股票变现的明确信号，表明该股正在为**趋势变化**做准备。

规则 4——在第一次陡直上涨之后（市场趋势从熊市变化到牛市的过程），股票通常出现一个次级回调去构筑底部，这跟股票在陡直下跌之后必然会出现一个次级反弹一样。如果该股在回调的时候成交量减小，随后再次上涨时伴随着很大的成交量，这是该股会涨到更高的价位的迹象。

这些交易规则既适用于大盘，也就是指纽约证券交易所上市的总成交量，包括每天、每周、每月；同时也适合特定的个股。

总结：正常情况下，成交量在接近顶部的时候会增加；在接近底部的时候会减小。 当然，1929 年 10 月和 11 月这样的非正常情况是例外的。当市场伴随着巨大的成交量快速地向下运动时会形成一个尖底，随后就是一个急速的弹升。通常，正如我在规则 4 中阐述的那样：在第一次陡直反弹后，会有一个缩量的次级下跌。

纽约证券交易所的每月成交量记录
1929～1935 年

如果我们想了解成交量的重要性，我们就有必要研究纽约证券交易所的总成交量。

1921 年 7 月和 8 月，股市处于熊市的底部，当时的成交量为每月 1000～1200 万股左右。1928 年 3 月，单月的成交量到达每月 8400 万股，这也是有史以来的第一次。之后，成交量继续处于高位，因为有很多股票在 1928 年 6 月的回调后持续上涨。成交量急剧增加，1928 年 11 月达到了 1.14 亿股，这是有史以来的最大单月成交量。1928 年 12 月的成交量依然很大，事实上，巨大的成交量一直持续到 1929 年的股市顶部。

1929 年

9 月：　　成交量超过 1 亿股，平均指数也到达历史的最高点 386 点。

10月： 从1929年5月以来，平均指数第一次跌破上一个月的最低点，这表明趋势已经掉头向下。历史成交量的记录也被打破，当月成交量到达1.41亿股。
11月： 市场处于恐慌性下跌的底部，成交量也减少到了7200万股。
12月： 成交量为8300万股。

1930年

1月： 成交量为6200万股。
2月： 6800万股。
3月： 成交量到达了9600万股。
4月： 股市总成交量到达1.11亿股，平均指数小幅上涨。
5月： 月初时，平均指数跌破4月份的最低点，这是从11月见底后首次跌破月底点。5月成交量为7800万股。一轮陡直下跌接踵而至。
6月： 成交量为8000万股，市场继续走低。
7月和8月： 出现一个小幅反弹，两个月的总成交量仅仅才8000万股。
9月： 平均指数稍高于上一个月，接着下跌就开始了，并且创出了新低。成交量为5000万股。
10月： 市场继续创出新低，并且跌破了1929年11月的最低点。成交量增加到7000万股。
12月： 道琼斯工业股平均指数下跌到了46点，低于1929年11月的最低点。当月总成交量为6000万股。

1931年

1月： 一轮反弹开始了。1931年1月的成交量为4200万股。
2月： 反弹到达了顶部，与之配合的成交量为6400万股，表明反弹时交易量有所增加，股票遭遇阻力。我们应该注意到这个底部就在1929年的最低点下方，表明股票运动到先前恐慌性最低点附近时，会遇到强大的卖压。
3月： 3月份下跌又开始了，成交量为6400万股，较先前有所增加，股指进一步走低。
4月： 成交量为5400万股。

5月： 成交量为4700万股。

6月： 伴随着总成交量为5900万股，平均指数出现了一个陡直下跌，创出了下跌以来的新低，到达了120点。这个点数既是1919年的老顶，也是1925年以来的最后一个低点。6月末到7月初，市场出现了快速反弹，平均指数到达157½点，但是未能穿越1931年5月创下的最高点。

7月： 成交量很小，仅仅为3300万股，市场下跌的幅度也收窄了。

8月： 成交量为2400万股，市场仍然是窄幅波动的沉闷状态，并没有形成进一步的向上运动。

9月： 市场开始活跃起来，成交量也达到5100万股。伴随着成交量的增加，平均指数在9月这一个月内就下跌了45点。这表明非常弱势，并会进一步下跌。

10月： 一轮陡直下跌导致平均指数跌到了85点，成交量是4800万股。

11月： 反弹接踵而至，并在11月9日到达最高点119½点，回到了1919年股市的老顶，1925年以来的最后一个低点，同时也是上一个反弹的底部。然而，平均指数未能上穿这些老底并穿越先前的顶部，市场呈现出弱势，表明主要趋势仍然向下。11月的成交量为3700万股，这次反弹的成交量有所下降。

12月： 平均指数在这轮下跌中创出了新低72点，成交量为5000万股。这是1931年9月以来的最大成交量，表明大规模的股票变现仍在进行中。

1932年

1月： 平均指数下跌到了70点，当月的成交量为4400万股。

2月： 平均指数反弹到了89¾点，成交量为3100万股。

3月： 平均指数与2月份几乎相同，成交量为3300万股。市场反弹结束，股票下跌的幅度也收窄了。

4月： 道琼斯30种工业股平均指数跌破了70点，也就是1月份的最低点，一路下跌到55点。成交量为3000万股。

5月： 平均指数跌破53点，这个点数是1907年和1914年市场恐慌性下跌时老的最低点。这预示着平均指数还会继续下跌。随后，平均指数下跌到了 45 点。成交量为 2300 万股。

6 月：　　平均指数创出了新低，并且波动范围仅仅为 10 个点。成交量为 2300 万股。

7 月：　　1932 年 7 月 8 日，平均指数到达了极限低点 40½ 点。交易量非常小，同时平均指数和个股都在进行区间很小的窄幅波动，表明已经进入熊市的最后一个阶段。当月下旬，平均指数穿越了 6 月的最高点，这预示着趋势正在掉头向上。成交量为 2300 万股。平均指数的波动范围为 13 个点。

　　　　　平均指数在 7 月的最低点与 1929 年的最高点相比，下跌了 345 个点。5 月、6 月，以及 7 月，3 个月总成交量合计仅仅为 6900 万股，是 1923 年以来的最小成交量。这与 1929 年 9 月 1 亿股和 10 月的 1.41 亿股的成交量形成鲜明的对比。这表明了猛烈的下跌后，股票变现已经结束，趋势已经发生改变。市场中抛压真正地停顿了。投资者和交易者卖光了手中的一切股票，因为他们害怕事情会变得越来越糟糕。这其实是一个老生常谈的故事：牛市在沮丧中开始，在狂喜中结束。所有的迹象都非常明显：窄幅波动伴随着很小的成交量，这预示着熊市的结束，趋势的变化一定会发生。

　　　　　1932 年 7 月下旬，上涨开始了。

8 月：　　一轮陡直反弹在 8 月份出现了，并且成交量达到了 8300 万股，超过了前 3 个月的总成交量。这是空头回补和聪明投资者的买进时机。

9 月：　　伴随着 6700 万股的成交量，反弹也到达了顶部。与 7 月 8 日的最低点相比，平均指数上涨了 40 个点。经过 9 月份的这次放量大涨，派发结束后趋势掉头向下（我们要注意从 7 月 8 日到 9 月见顶这段时间的总计成交量为 1.68 亿股）。平均指数在第 3 个月并没有进一步上涨。从 1930 年 4 月到 1932 年 7 月这段时间，无论是平均指数还是大部分个股的反弹时间从来没有超过 2 个月。然而，趋势要转变成为一轮持续的牛市，必须要出现持续 3 个月，以及更长时间的上涨。

10 月：　 9 月之后，市场伴随着很小的成交量缓慢下跌。10 月份的成交量为 2900 万股。
11月：　　　成交量为 2300 万股。
12月：　　　成交量为 2300 万股。

1933 年

1月：　　　成交量为 1900 万股。

2月：　　　整个国家都处于恐慌之中。银行纷纷倒闭。遭受恐慌打击的人们不顾一切地抛售手中的基金和股票。在商业陷入危机之际，罗斯福总统在 3 月 4 日宣誓就职组建。他立即下令关闭美国所有银行。市场的次级下跌结束，并开始了建设性的运动。

道琼斯工业股平均指数在 2 月下跌到 50 点，比 1932 年 7 月的最低点高出 9 个点。成交量仅为 1900 万股，这是 10 年以来的最小成交量，也是 1929 年 9 月市场见顶以来最小成交量。这是底部的确切信号。

3月：　　　市场出现了一个反弹，成交量也同时增加。成交量为 2000 万股。

4月：　　　美国放弃金本位制。股票与商品期货开始快速地上涨。纽约证券交易所在这个月的成交量达到了 5300 万股。

5月：　　　市场继续上涨，成交量到达 1.04 亿股。

6月：　　　成交量增加到 1.25 亿股。

7月：　　　成交量为 1.2 亿股。

从 1933 年 3 月的低点到 7 月的高点这段时间，纽约证券交易所的成交量累计达到了 4.22 亿股。平均指数从 7 月的最高点比 1933 年 2 月的低点上涨了 60 个点。很少人保持记录并研究，以期弄明白 4.22 亿股这样巨大成交量的意义。事实上，这是纽约证券交易所成立所有牛市中最大的成交量，比 1929 年最后上涨阶段的成交量都要大（从 1929 年 5 月的最后一个低点到 1929 年 9 月，平均指数上涨了 96 个点，纽约证券交易所在这个期间的累计成交量是 3.5 亿股）。这是历史上最疯狂的购买潮之一。商品期货的价格也是跳跃性的上涨。人们不计代价地买进股票。我们可以这样想一想：3 个月累计3.5亿股的成交量，即1933年5月、6月和7月3个月的累计——等同于1929年5~9月的总成交量。这样的成交量清楚地表明市场正处于通胀浪潮之中。商品期货与股票上涨速度如此之快，以至于每个人都用很小的保证金买进。7月18~21日，道琼斯平均指数在4天内大幅下跌了25个点，跌到了85点。与此同时，小麦和棉花也遭遇到沉重的多头兑现，价格开始猛跌。而E·A·克罗夫博士也破产了。他参与了商品期货的交易，据说持有闻所未闻的合约数量。

8月和9月： 在7月份的陡直下跌后，8月和9月出现一个反弹，平均指数回升到7月最高点的2个点的范围内，形成了一个双顶。次级反弹的成交量很小，8月份成交量为4200万股，9月份的成交量则为4300万股。在这2个月内的总成交量仅仅是1933年7月成交量的2/3。

11月： 成交量为3300万股。

12月： 成交量为3500万股。

1934年

1月： 当月成交量为5400万股。

2月： 成交量为5700万股，2月份的顶部仅仅略高于1月份。平均指数没有能高于1933年7月的最高点1个点，形成了双顶。2个多月的成交量到达1.11亿股，平均指数第三次到达同一位置，这是顶部的信号。个股缓慢上行，但是成交量很大，清楚地表明正在酝酿下跌。2月下旬，趋势掉头向下。

3月： 成交量达到了3000万股。

4月： 市场出现一个小反弹，成交量为2900万股。

5月： 股价走低，成交量为2100万股。

6月： 市场出现小幅反弹，当月成交量降低到1600万股。

7月： 1934年7月26日，股价见底，当日成交量接近300万股。道琼斯平均指数为85点，略高于1933年10月的最低点。

1934年7月这一个月，成交量仅仅为2100万股。个股纷纷进行窄幅波动构筑底部，正在为另外一个牛市的形成做准备。事实上，市场在1933年7月到达极限高点，我们就应该在 1934 年 7 月注意观察趋势变化的迹象。因为依据我的交易规则，任何重要的顶部或是底部后的 1 年、2 年，或是 3 年时，都要注意观察趋势是否发生变化。

8月： 平均指数反弹了 11 点，成交量为 1600 万股。

9月： 市场下跌到了 7 月份最低点的 1 个点范围内，成交量也减少到 1200 万股，这是是多年以来单月成交量最低的月份，也是底部的明确信号。

10月： 市场在 10 月份出现反弹，成交量也略有增长到 1500 万股。

11月： 成交量增加到 2100 万股。

12月： 股价进一步走高，当月成交量为 2300 万股。

1935 年

1月： 股市活跃性增加，成交量为 1900 万股。

2月： 市场反弹到顶点，成交量仅为 1400 万股。这是市场上没有足够的买盘支撑，股价继续上涨的信号。

3月： 市场大跌，这是市场上涨到新高之前的最后一次下跌。成交量为 1600 万股。

4月： 市场显示出活跃性增加并且股票开始上涨。成交量到达 2200 万股，这表明向上的牛市来临了。

5月： 道琼斯 30 种工业股平均指数穿越了 1933 年的高点和 1934 年 2 月的顶部，对应的成交量为 3000 万股。个股的成交量也在增加，很多股票都上涨到了新的高位。

6月： 平均指数穿越了 120 点，高于 1931 年 11 月 9 日的最后一个高点，明确预示市场会继续走高。6 月份的成交量为 2200 万股。

7月： 平均指数和个股均创出了新高。当月的成交量为 2900 万股。

8月： 更多的个股进一步创出新高，工业股平均指数也上涨到了新的高点。成交量达到 4300 万股，这是 1934 年 1 月和 2 月最高的月成交量。

9月： 市场继续上涨，成交量为 3500 万股。

10月： 道琼斯 30 种工业股平均指数上涨到 142 点。当月总成交量为 4600 万股。

11月： 成交量为5700万股，这与1934年2月股票构筑顶部时成交量几乎相同。平均指数到达了149½点，从1932年7月的最低点上涨了109点。在1935年11月23日结束的那周，平均指数达了顶部，成交量1周之内接近1900万股，这是市场在1934年2月10日结束那周见顶以来1周之内最大的成交量。如此大的成交量之后，平均指数与1935年3月相比也上涨了53个点。依据我的交易规则，这是该关注大涨之后的股票顶部的出现，以及趋势发生变化的时候了。

12月： 市场随后出现回调，平均指数从11月份的最高点下跌了10个点左右。当月的成交量为4500万股。

1934年7月到1935年11月

从1934年7月26日的最低点到1935年11月20日的最高点，总成交量为4.07亿股；从1934年7月到1935年11月20日，道琼斯工业股平均指数上涨了65点。我们注意到从1933年3月的最低点到1933年7月的顶部，总计上涨了60点。因此，截止到1935年11月，平均指数上涨了65点，比1933年那轮行情还要高出5个点，我们就应当关注趋势是否出现暂时性的变化。

我们还应当注意，从1934年7月到1935年11月，这16个月的行情累计成交量比从1933年3～7月这5个月的行情的累计成交量要少1500万股。这表明在《证券管理法》生效后，明显地抑制了市场的交易。

如果持续研究纽约证券交易所的成交量，同时观察道琼斯工业股平均指数的强弱形态，我们就能更精确地探测市场的顶部。

克莱斯勒汽车
1928～1935年每周成交量研究

我们研究每一只个股要注意成交量的增加与减少，在什么价位进行缩量窄幅波动，以及放大量上涨到其他的极限最高价或是反弹高点，这样我们就能判读出该股什么时候在构筑顶部或是底部。例如：克莱斯勒汽车。

1928 年

1928 年 1 月 21 日，克莱斯勒形成了 54½ 点的最低点；6 月 2 日的高点是 88⅛ 点。随后下跌到 6 月 23 日形成 63⅝ 点的低点，3 周内下跌了 25 个点，成交量是 101.2 万股。

接下来是该股持续 15 周的飙升，在 10 月 6 日到达了最高点，股价从 63⅝ 点上涨到了 140½ 点，15 周内上涨了 87 个点，期间没有一次跌破前一周的最低点，成交量是 974.18 万股。在最后 2 周的急促上涨中，成交量是 276.8 万股。

克莱斯勒在纽约证券交易所登记的总股数是 448.4 万股。因此，当我们看到该股在最后这波大幅上涨的过程中，总股本的换手率超过了 2 次，并且在最后 2 周换手率超过了一半。如此巨大的成交量表明了该股的第二次上涨是在构筑顶部。在 10 月 6 日结束的那周，成交量是 174.15 万股。这是克莱斯勒汽车有史以来最大的单周成交量，它接近总股数的一半。

该股的股价在接下来的一周走低，期间没有一次反弹再次到达最高价，并且从顶部下跌了 5 个点。如果我们研究了成交量，就能对什么是最后的顶部了如指掌，尤其是所有因素都表明趋势变为向下的时候。

1929～1932 年

在 1928 年 10 月到达高点之后，一轮恐慌性下跌一直持续到 1929 年 11 月 16 日结束的那周。次时，平均指数也结束了熊市的第一阶段。该股在这个期间的总成交量是 2253.3 万股，相当于总股数换手了 5½ 次。

从 1929 年 11 月 16 日的那周开始出现了一次反弹，并在 1930 年 4 月结束。该股这次反弹了 17 个点，股价为 43 点，总成交量是 391.6 万股。这个成交量几乎等于该股的总股数。

该股从 1930 年 4 月的高点下跌到 5 点，在 1932 年 6 月 4 日的那周见底，期间的总成交量是 1481.4422 万股。

从 1928 年 10 月 6 日结束那周的最高点 140½ 点到 1932 年 6 月 4 日的最低价 5 点，总的成交量是 4126.3622 万股。因此，在这轮下跌行情中，该股的换手率接近 10 次。

1929～1935 年——从 88 点下跌到 5 点与从 5 点上涨到 88 点的成交量对比

克莱斯勒从 1929 年 5 月 11 日那周的 88 点下跌到 1932 年 6 月 4 日那

周的 5 点；从 1932 年 6 月 4 日那周的 5 点重新回到 1935 年 10 月的 88¾ 点，我们回顾两段时间内的总成交量，并且进行对比是非常重要的。

在 1929 年 5 月 11 日结束的那周，克莱斯勒下跌到了 88 点的下方。该股在 1932 年 6 月见底 5 点之前，再也没有回到过 88 点之上。期间的总成交量是 2515.4622 万股。

从 1932 年 6 月 4 日那周的极限低价 5 点上涨到 1935 年 10 月的 88¾ 点，我们发现期间的总成交量是 3062.82 万股。也就是说同样的价格幅度，该股上涨阶段的成交量比下跌阶段多了 550 万股。我们知道，通常情况下，上涨比下跌的成交量要大，因为上涨过程中有虚假销售、集合基金的运作，以及操纵。克莱斯勒在这轮上涨中的成交量仅仅比下跌同样的点数多出 550 万股，这表明纽约证券交易所采取的措施已经降低了市场上涨时的成交量，尤其是我们考虑到该股从 1932 年 6 月 4 日结束的那周到 1933 年 3 月的低点期间的吸筹周期，也就是该股从 5 点上涨到了 22 点，然后在 1933 年 6 月又跌回到了 7¾ 点，期间的总成交量是 510.5 万股。因此，如果从 1932 年 6 月到 1935 年 10 月的总成交量减去吸筹周期内的成交量，上涨阶段的总成交量就降低到 2500 万股，与从 88 点到 5 点的下跌阶段的总成交量几乎相等。

1933～1935 年

从 1933 年 3 月 4 日结束那周的最低价 7¾ 点上涨到 1934 年 2 月 24 日结束那周的最高价 60⅜ 点，克莱斯勒上涨了 52⅝ 个点，总成交量是 1521.98 万股，换手率超过了 3 次。我们研究一下这轮牛市行情的第一阶段的派发过程。运用同样的交易规则可以判断其他股票的趋势变化。

派发的区间：在 1934 年 1 月 6 日结束那周，克莱斯勒的最高价到达了 59½ 点，随后回调到了 50 点，在 2 月 3 日反弹到了 59⅜ 点，并在 1934 年 2 月 24 日结束那周到达了顶部 60⅜ 点。在 1 月出现第一个高点 59½ 点的 3 周后，该股在 2 月 3 日那周未能站上第一个高点的 1 个点以上的位置，这表明了派发在真正进行，该股遭遇到很大的卖压。派发发生在 50～60⅜ 点之间，也就是在 10 个点的区间内。在这个派发区间的成交量是 277.63 万股，超过了总股数的一半。这表明该股在上涨 52 个点之后正在构筑顶部，至少会出现一次陡直下跌。

横盘派发：研究一下横盘派发是一件非常有趣的事情。一只股票的小趋势掉头向下后，随后的反弹不能再次回到先前的老顶，派发经常发生在这个位置，我们把这样的走势称为横向运动。人们在回调的时候买进股票，因为它们股价很便宜；但是他们并不知道主要趋势即将掉头向下。例如：

从1934年3月3日结束那周到1934年4月28日那周，克莱斯勒的股价在 $49\frac{1}{2}$ ～56 点之间。期间总的成交量是122.58万股，加上顶部派发的成交量是400.21万股，这是10个点的派发区间的总成交量。在上涨超过50个点以后，在10个点的区间内换手相当于总股数，是非常清楚的趋势变化信号。

另外一点也很有趣，该股在51周内上涨了 $52\frac{5}{8}$ 个点后，正好接近1年的周期。我们交易规则之一就是要关注1年结束时趋势是否会发生变化。

克莱斯勒在横盘派发后，接踵而至的就是一轮下跌。

熊市行情——1934年2～8月：从1934年2月24日结束那周的最高价 $60\frac{3}{8}$ 点到1934年8月11日那周的最低价 $29\frac{1}{4}$ 点，区间范围是 $31\frac{1}{8}$ 个点。期间的总成交量是303.39万股，在这轮下跌中换手率接近总股数的3/4。对比一下上涨的大成交量和次级回调的成交量，显示出卖压已经降低，股价正在接近底部，至少会出现一次反弹。我们研究这个底部以及每周的成交量，同时要注意到最低价 $29\frac{1}{4}$ 点几乎就是 $60\frac{3}{8}$ 点的一半。

牛市行情——1934年8月到1935年12月：从1934年8月11日结束那周的最低价 $29\frac{1}{4}$ 点到1935年2月的最高价 $42\frac{1}{2}$ 点，期间的总成交量是219.65万股，这是一次小成交量的反弹。该股趋势再次掉头向下，在1935年3月16日结束那周到达了最低价31点，相对于1934年8月的底部，形成了更高的底部。股价在3周内从 $42\frac{1}{2}$ 点下跌了 $11\frac{1}{2}$ 个点，期间的成交量减少到28.66万股。这表明此次下跌是该股的最后一次下跌，尤其是在下跌的第4周股价不再走低的情况下，表明该股的趋势正在酝酿掉头向上。

次级底部后的长期向上摆动：从1935年3月16日那周的最低价31点到1935年12月28日结束那周的最高价 $93\frac{7}{8}$ 点，上涨的幅度是 $62\frac{7}{8}$ 个点，期间的总成交量是672.5万股，换手率大约是 $1\frac{1}{2}$ 次。从1934年8月的最低价 $29\frac{1}{4}$ 点到1935年12月的最高价 $93\frac{7}{8}$ 点，上涨的幅度是 $64\frac{5}{8}$ 个点，总成交量是892.1万股，换手率接近2次。

这次最重要的长期摆动从是1933年3月的最低价 $7\frac{3}{4}$ 点上涨到1935

年 12 月的最高价 93⅞ 点，总计上涨了 86⅛ 个点，期间的总成交量是 2715.7 万股，换手率超过了 6 次。

1935 年 3 月到 4 月 27 日期间，该股每周的成交量大约在 7.5 万股，甚至萎缩到了 2.35 万股。随后成交量持续放大，从 8 月 31 日那周开始，每周的成交量超过了 22.9 万；随后是 23.3 万股、25.4 万股、14.9 万股、22.3 万股、20.9 万股；在 10 月 26 日结束那周，克莱斯勒的股价达到了 88¾ 点，一周的成交量是 25.6 万股；在 12 月 21 日结束那周的成交量是 25 万股；在 12 月 28 日结束那周，克莱斯勒到达了最高价 93⅞ 点，成交量是 23.1 万股。因此，我们能看到该股从上一次回调的最低价 69 点左右陡直上涨到 93⅞ 点的时候，成交量却快速减少。

周成交量图表和月成交量图表能表明一只股票是处于强势形态还是弱势形态。不管是买方还是卖方占据优势，我们都可以判断出是买盘在增加还是卖盘在减少，从而探测出趋势的变化。

第七章 一套实用的交易模式

一套交易模式只有在实际使用中跟理论一样出色才能在股市中赢利。几年前，我创建了一套实用的交易模式。从1932年以来，我通过自己的实际操作对这套交易模式进行了测试，并对其进行了一些重要的改进。现在我就把这个很有价值的发现与读者分享。

我在这套交易模式中采用最高价和最低价周线图表。从交易的角度来说，这是最好的图表。但是当股票非常活跃，并且股价很高的情况下，我们可以采用日线图表，并运用相同的交易规则探测趋势的变化、买进点和卖出点，以及止损单的点数。

我在阐述这些交易规则的同时，提供一份长达10年的真实交易记录。这样就能够证明遵循这些交易规则确实是可以赚到大笔赢利的。

原则1——对本金的要求

想要把投机或是投资作为一种成功的商业活动，我们必须清楚在开始交易和持续交易所需要的本金数量。安全起见，我认为每交易100股至少需要3000美元的本金。如果能遵循这个交易规则，你就能赚到钱。对于每10股的交易，需要的本金数量是300美元。

不要在任意一笔交易上投入超过10%本金去进行冒险。如果你已经有2~3笔的交易遭受了损失，就要降低自己的交易数量，仍然只拿剩下本金的10%去冒险。采用这样的方式就不会损失掉所有的本金，你就能继续交易并获得赢利。

当赢利增加到与本金数量相同时，假如说 3000 美元，这个时候你就可以增加交易数量到 200 股。但是，即使我们有了大量利润之后，也要在每一笔交易后保留大量的本金。

安全始终都是我们要重视的第一原则。当我们积累了大量的利润后，就要建立保护性的储备金，并把这笔钱存入银行，或是投入到优先抵押权或是投资在金边证券等可以取得稳定收益的地方。

原则 2——坚持使用止损单

对于任何一笔交易，我们都不能忘记设置止损单。止损单的止损价应当设置在买进或卖空价的 1 个点、2 个点或 3 个点左右。在任何情况下，即使当股价很高的时候，我们的第一笔交易的止损价都不能超过 5 个点的风险，或是每 100 股损失的本金不能超过 500 美元。

通常，3 个点的止损单是最安全的，因为被触及的可能性小于其他点数的止损单。

股票长时间上涨后，当出现股价快速上涨并到达很高的价位时，如果我们已经有了很多的赢利，就要在每天跟随股价的上涨把止损价上移到距离最高价 5 个点的位置，或是收盘价下 3 个点的位置。假如一只股票的价位非常高，我们就要每天把止损价设置在最高价下 10 个点的位置。

刚开始交易时，我们绝对不能让自己的本金在任何一笔交易承担 10 个点的风险，必须把风险控制在 5 个点以内。如果有可能的话，我们要把每一笔交易的风险控制在仅仅 2~3 个点左右。

为了保护赢利，我们在做多的时候要跟随股价的上涨，把止损价设置在每周底部下的 1 个点、2 个点、3 个点或是 5 个点的位置；同样地，在卖空的时候跟随股价的下跌，止损价设置在每周顶部上的 1 个点、2 个点、3 个点或是 5 个点的位置。

原则 3——如何探测买进点

在靠近双底、三重底买进股票，并在这些底部下方的 1 个点、2 个点，或是 3 个点的位置设置止损单。

当一只股票在同一个低价位附近停留了1周、2周、3周，甚至更长时间的时候，我们就应当买进该股，同时要在这段时间的最低价下1个点或是2个点，最多不能超过3个点的位置设置止损单。

当一只股票穿越了先前的高点1～3个点时，我们也应该买进。更安全的做法是先等待，一直到股价穿越老顶3个点后，这才是我们判定该股将会上涨的明确迹象。此外，当股价穿越了老顶3个点后，随后的回调不能低于老顶3个点。例如：如果一只股票的老顶为50点，而股价上涨到53点。如果上涨的话，股价就不会再次回调到47点。因此，当该股回调到51～48点附近时，我们就应该买进该股，并在47点，也就是老顶下3个点的位置设置止损单。

如果一只股票上涨到新的高价区域，也就是说该股穿越了历史最高价，这通常意味着股价会继续上涨，因此这是一个安全的买进点。如果该股继续上涨，那么股价很少会回调到老顶的3个点下方。

我们要观察一只股票前些年的顶部。如果该股穿越前些年的顶部3个点，这时经常就是一个安全的买进点，尤其是该股回调到老顶，或是稍微低于老顶的位置时。

在牛市中，一只股票仅仅回调2～3周就又会恢复主要的上涨趋势。因此，当一只股票在回调了2～3周的末尾阶段，会用2～3天的时间构筑底部。这时也是一个安全的买进点。

原则4——如何探测卖空点

在靠近双顶、三重顶卖空股票，并在这些顶上的1个点、2个点，或是3个点的位置设置止损单。

当一只股票跌破了先前的老底或是最低价时，我们应该卖空该股，并在老底上方1个点、2个点，不能超过3个点设置止损单。更安全的做法是等待股价跌破老底3个点，或是小幅反弹时再卖空该股，并在高于老底3个点的位置设置止损单。

此外，当一只股票创出新低，我们要随着股价的下跌把空头头寸的止损单设置在前一周最高价上1个点的位置。要注意在先前的老底或是最低价的位置回补空头，并转为买进该股进行做多操作。

通常，熊市中的反弹仅仅持续2～3周。因此，在反弹后的第2周或是第 3 周就是一个安全的卖空点，止损单设置在前一周最高价上方 3 个点的位置。

我们要观察一只股票前些年的底部。如果该股跌破了一个底部 3 个点，这时经常就是一个安全的卖空点，尤其是该股反弹到老底，或是稍微低于老底的位置时。

原则 5——如何加码

知道如何加码与何时加码是非常重要的。对于股价在 20~50 点并处于低位的股票，如果我们有足够的本金或是授权保证金，就可以在股价每变动 5 个点时进行一次买进或是卖空操作。也就是说，如果在第一笔交易赚到 5 个点的利润，我们就可以买进或卖空第二笔同样数额的股票，并且设置止损单。这样做可以在市场逆转并触及止损单的时候，我们都不会有任何亏损。

对于股价在 80~200 点的股票，我们就必须等到股价每变动了 10 个点时才可以进行第二次的买进或卖空的操作。在进行了第一次委托后，我们要等到有了 10 个点的赢利后才能进行下一次的买进或卖空操作。当我们已经加码了 4 次或是 5 次后，我们就应该减少交易的股票数量。例如：

如果我们在一只股票每上涨 5 个点或是 10 个点时就加码买进 100 股，累计买进了 500 股，接下来更安全的操作方法是该股上涨每 5 个点或是 10 个点时，我们将加码买进的数量减少到 50 股。如果是股价每上涨 5 个点或 10 个点时加码买进 200 股，并且已经进行了 4~5 次的加码操作，这时就要将下一次加码买进的股票数量减少到 100 股。若在进行卖空操作时，要将上述交易规则反过来使用。

只有跟随一只股票的主要走势才能赚到大钱。当我们第一次交易后，只有在趋势对我们有利的情况下才可以进行第二次或是第三次的加码操作。

永远不要摊平亏损。摊平亏损是所有交易者所能犯下的最严重的错误。

原则 6——何时反转头寸

我这里阐述的"反转头寸"是指：如果我们买进股票并一路加码，当趋势出现变化，并且出现了卖出多头头寸的迹象后，我们就要转为卖空操作。例如：

如果一只股票上涨到 75 点附近，这个位置有一个老顶，该股在这个价位停留了 1 周或是 2 周时，我们就应当卖出手中的多头头寸，并转为卖空操作，并将止损单设置在 78 点，也就是老顶上 3 个点的位置。接下来，如果止损价位 78 点的止损单被触及，我们就要回补空头并再次转为做多。这样做的原因就在于我们在任何时间都必须跟随趋势。

当股票下跌时我们也要遵循同样的交易规则。当趋势改变的时候我们回补空头，并再次买进转为做多，正如我在克莱斯勒汽车的所有交易中示范的那样。

原则 7——成交量

如果遵循我在本书阐述的成交量的交易规则，我们就能探测出顶部或是底部什么时间会来临，以及趋势什么时候发生了变化。

当一只股票快速上涨并到达高点的时候，几乎总是伴随着成交量的增加。在第一次快速而陡直的回调之后，次级反弹就会出现。如果主要趋势掉头向下，成交量就会小于构筑最终顶部的那次上涨（参见本章最后一部分克莱斯勒汽车的成交量）。

一轮长期下跌之后，成交量的减少意味着股票变现已经接近尾声，该股正在进行市场股票变现，趋势的变化也就可以预期了。

在恐慌性的市场中，当股票陡直下跌时，经常在下跌的底部出现巨大的成交量；接下来的反弹成交量会变得适中；当次级下跌出现时，成交量就会显著减少。

我们可以根据每只个股的成交量，以及该股总的流通股数量，判断该股强弱形态[①]。例如：

4400 万股的通用汽车跟只有很少流通股的奥本汽车，或是 J. I. Case 相比较，运动的速度肯定会缓慢很多，上涨一个点所需的时间也更长。克莱斯勒汽车仅仅只有 450 万股，而通用汽车则有 4400 万股，这就是在 1932～1935 年之间，克莱斯勒汽车的涨幅超过了通用汽车的原因所在。

---

① 译注：这里就是指流通股的换手率。

遵循交易规则才能获得赢利

人性的弱点击败了绝大多数的交易者,而不是市场击败了他们。我们在交易时,必须排除主观臆断和猜测,也不能依据希望和恐惧进行交易。

那些能够下定决心严格遵循交易规则的人能获得赢利。你要向自己证明我阐述的交易规则都是实用的,随后就要遵循这些交易规则。当交易规则指出买进或卖出的时候,我们就买进或卖出;当交易规则没有指出趋势发生变化的时候,我们就不要结束交易并兑现赢利。如果你能按照这样的方式进行交易,你就能获得成功。

克莱斯勒汽车

为了展示这种交易模式如何进行实际交易,并证明在实际的交易中遵循这些交易规则能够获得大笔的赢利,我将提供10年时间只依据这种交易模式操作克莱斯勒汽车的实例。买进与卖空的信号以周线高低点图表作为基础。以3000美元的本金开始,在赢利没有积累到一定程度之前,每次交易的股数限制在100股。克莱斯勒的交易从1925年11月28日结束的那周开始,交易地点在纽约场外证券市场。

参见图7A～G。

江恩测市法则

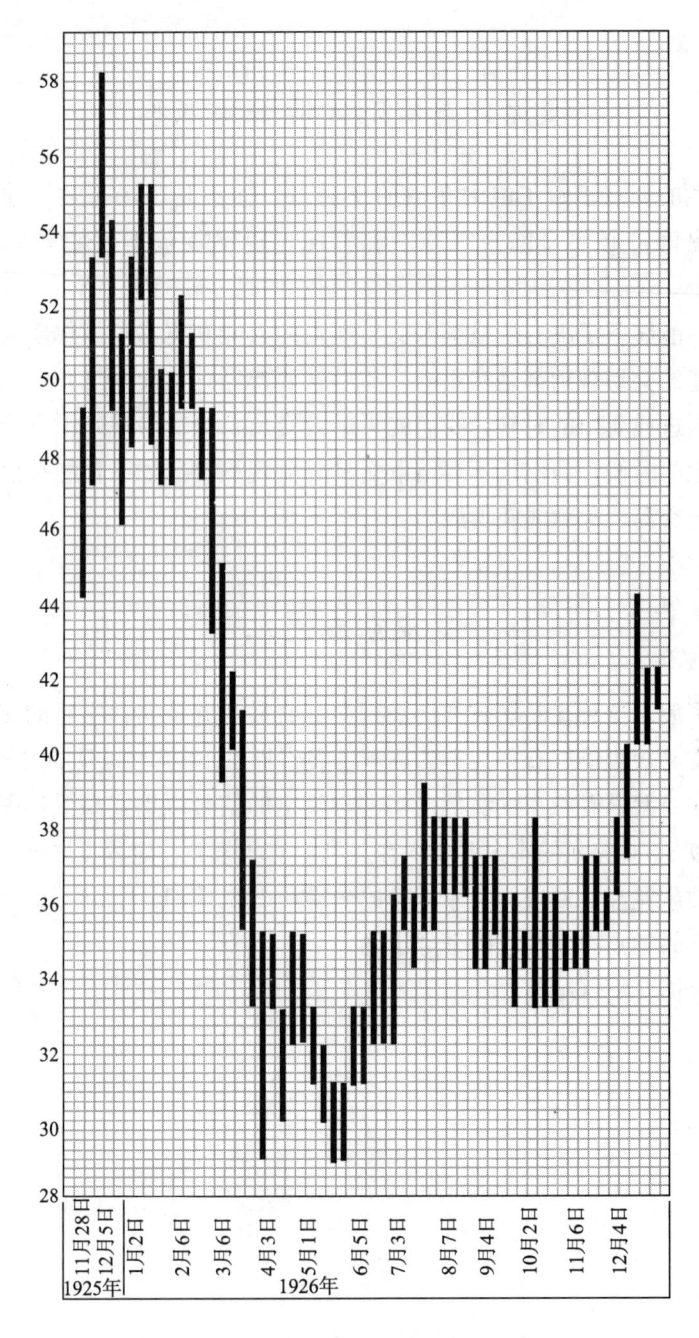

图 7A 克莱斯勒汽车

每周高点和低点：1925～1926 年

第七章 一套实用的交易模式

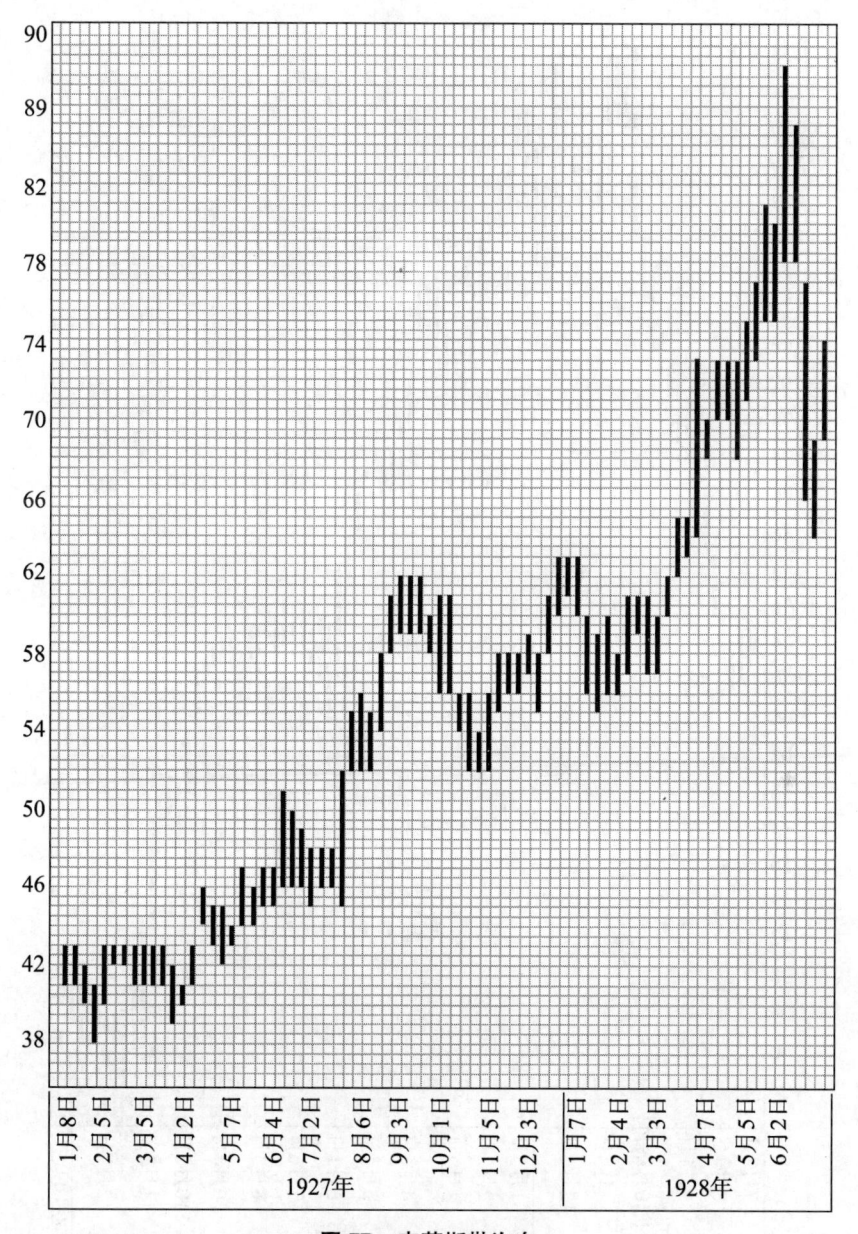

图 7B 克莱斯勒汽车
每周高点和低点：1927~1928 年

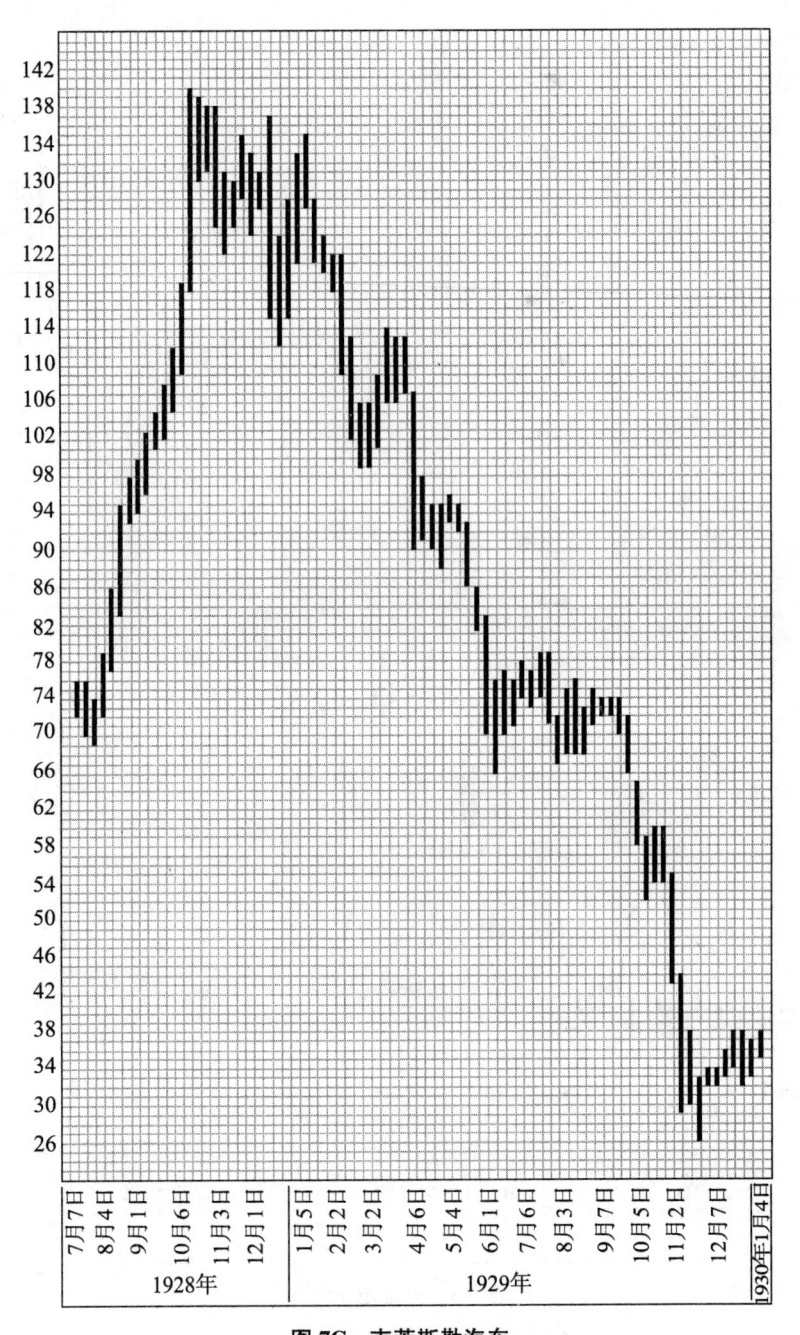

图 7C 克莱斯勒汽车

每周高点和低点：1928～1929 年

第七章 一套实用的交易模式

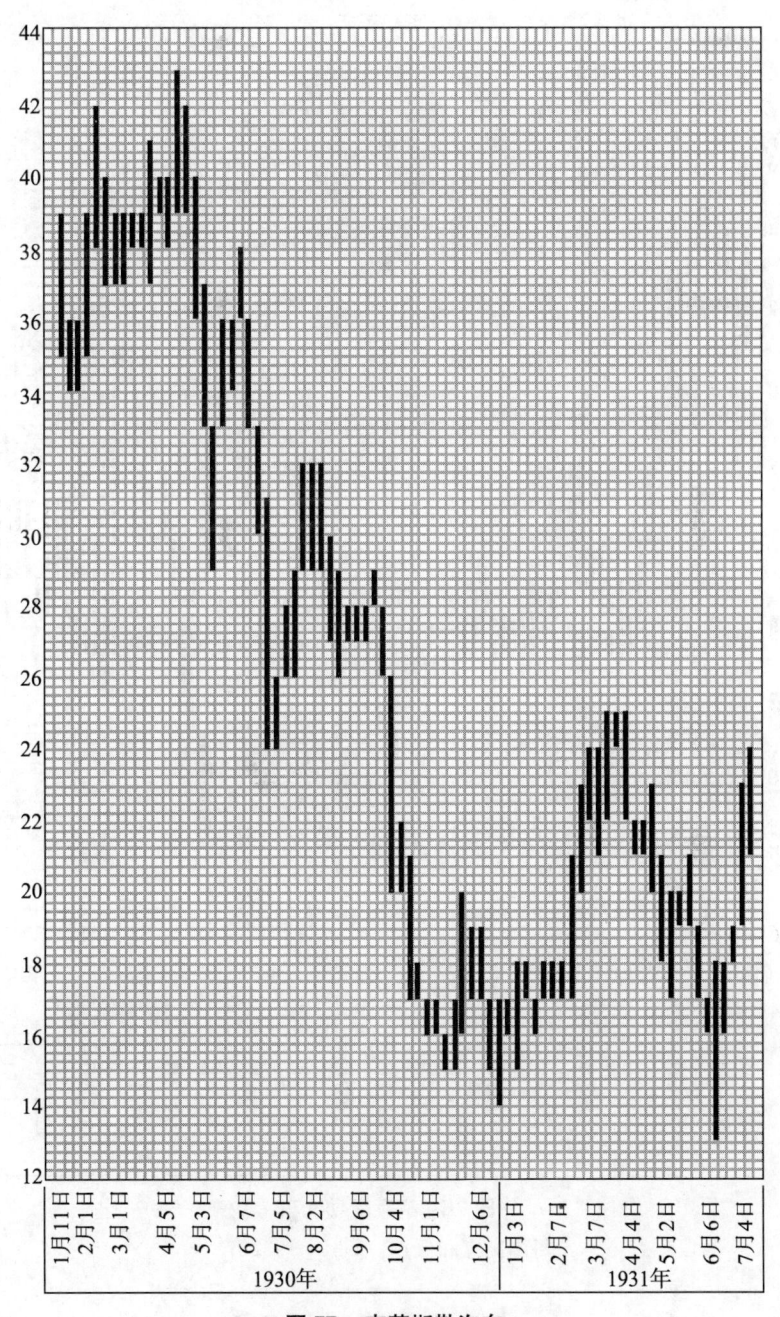

图 7D 克莱斯勒汽车
每周高点和低点：1930～1931 年

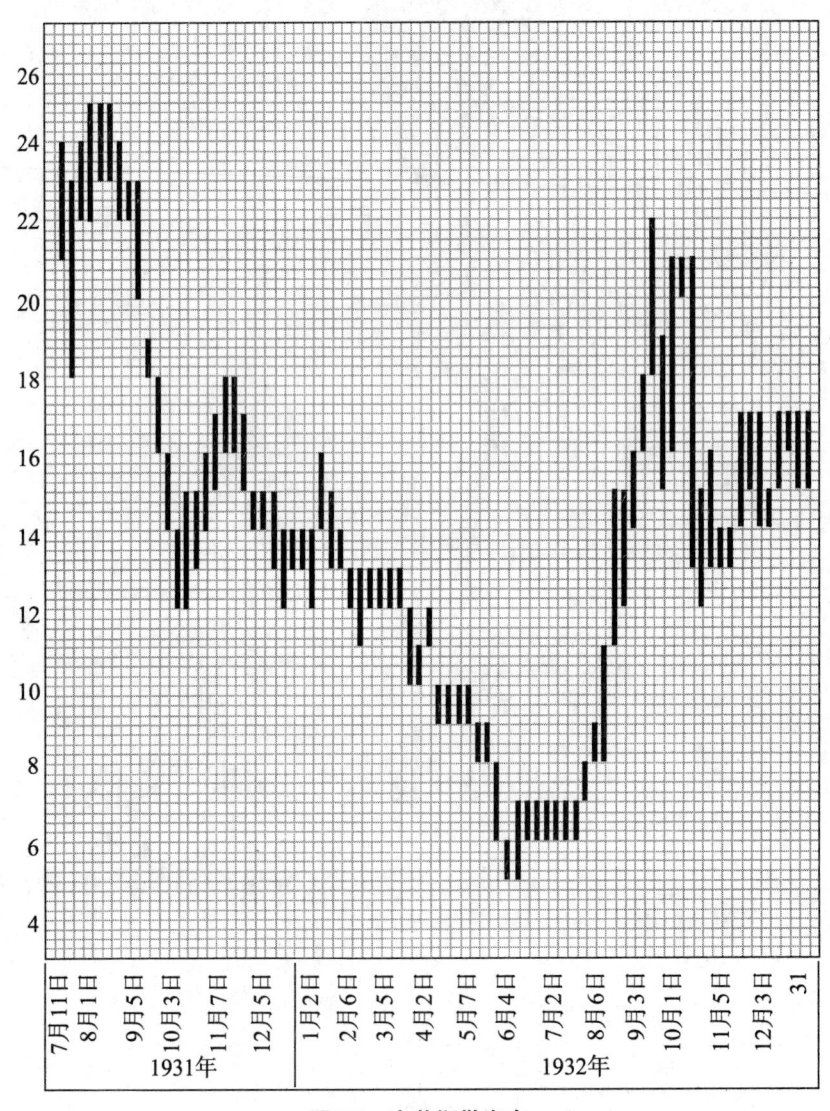

图 7E 克莱斯勒汽车

每周高点和低点：1931～1932 年

第七章 一套实用的交易模式

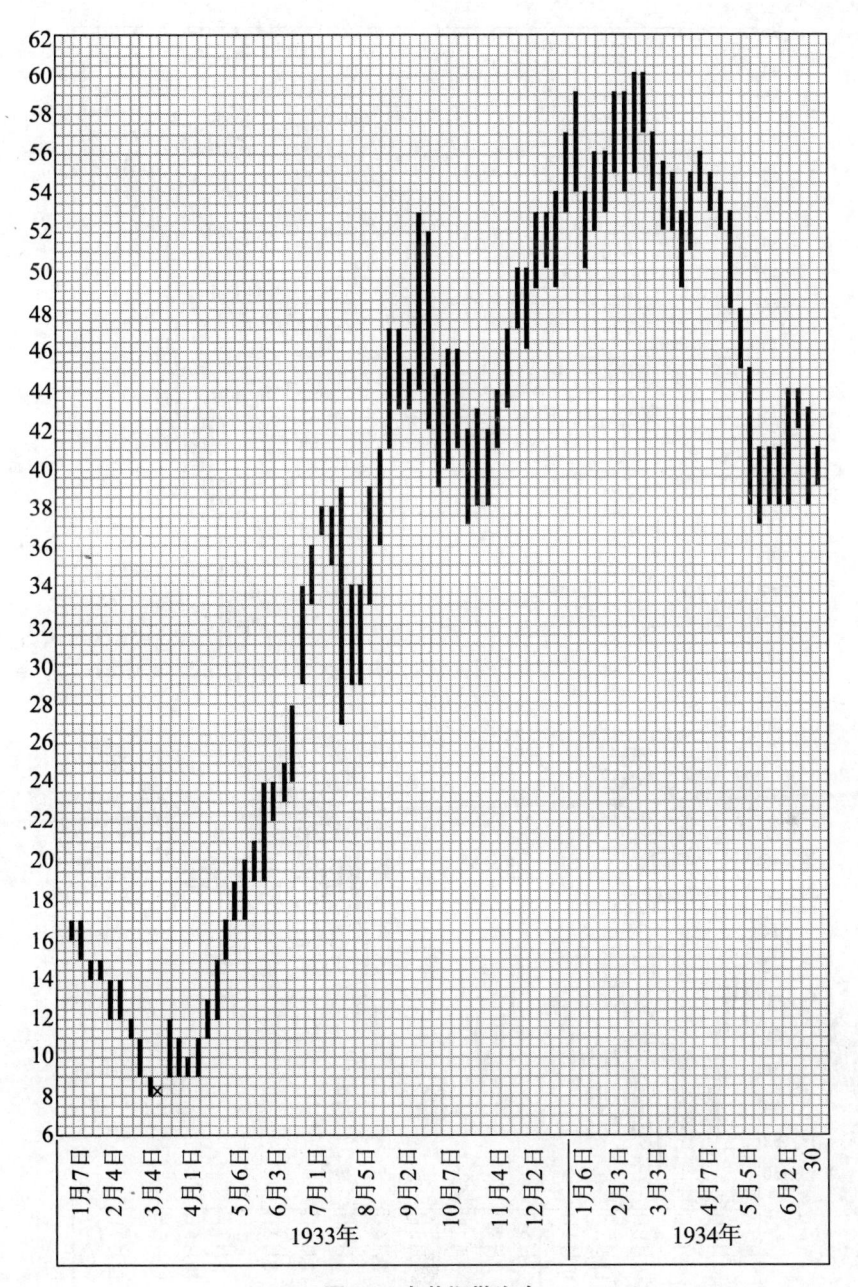

图7F 克莱斯勒汽车
每周高点和低点：1933~1934年

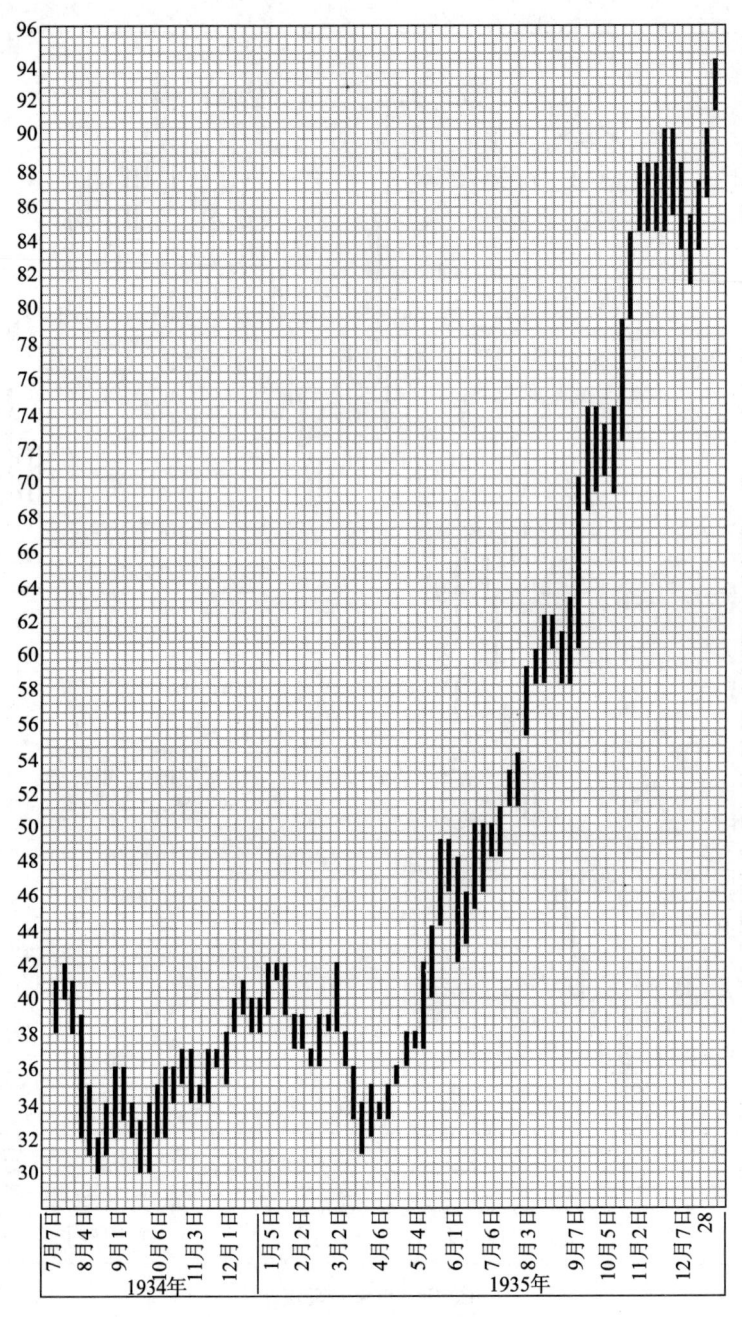

图 7G 克莱斯勒汽车

每周高点和低点：1934～1935 年

第七章 一套实用的交易模式

1925年

周结束日

11月28日　在46点多头买进100股,并设置43点的止损单做保护。

12月12日　上涨到57¾点,反弹仅仅持续3周;收盘价位53½点,弱势的信号。计划卖出股票。

　19日　在53½点多头卖出100股。

　　　　在53½点空头买进100股,止损价56½点。

　26日　在1926年1月2日结束那周前2周的持续下跌,随后迎来新年时的股价回升。

　　　　止损价下移到50点,股价触及了50点的止损价。

1926年

1月2日　在50点空头卖出100股。

　　　　在50点多头买进100股。

　9日　反弹到54⅝点,反弹持续了2周。

　　　　止损价上移到51点,也就是本周最低价下方的1个点。

　16日　在51点多头卖出100股。

　　　　在51点空头买进100股。

　23日　最低价46½点。

　30日　最低价46¾点,在1926年1月2日结束那周的底部上方1个点止跌了。

　　　　在48点空头卖出100股。

　　　　在48点多头买进100股,止损价为45½点。

2月6日　最高价52¼点,仅仅2周的反弹,相对57¾点形成了第二个低的顶部。

　　　　随后2周的底部均为48½点。止损价上移到48点。

　20日　止损价被触及,在48点多头卖出100股。

　　　　在48点空头买进100股。

　27日　跌破了46½点的底部,以及在1925年11月28日结束那周形成的极限最低价。这表明主要趋势掉头向下。更多的股票将会被卖空。

3月6日　反弹回升到44¾点,在老底的下方。

	在44点空头加码100股。将200股空单的止损价设置在47点。
13日	最高价43点。200股空单的止损价下移到44点。
20日	当股价跌破3月6日那周的最低价，在38点空头加码100股。
4月3日	最低价28½点，最高价35点。将止损价下移到36点。股价在这个位置维持了4周，没有一次高于35¼点。
5月22日	最低价29¼点。
29日	第2周在29¼点止跌，高于4月3日那周的最低价28½点，形成了双底。止损价下移到32点，在本周最高价上方1个点的位置。如果股价在老底上方维持3周，就在30点回补空单。
6月5日	在止损点32点的位置回补空单。因为空单的头寸是300股，减去佣金后，赢利分别是16个点、12个点和6个点，也就是说一共34个点。

1925年11月28日至1926年6月6日

总赢利··················	5100美元
减去佣金、利息和所得税（近似）········	300美元
净赢利··················	4800美元
初始本金··················	3000美元
净本金··················	7800美元

现在我们已积累足够的赢利，将交易单位提高到200股。

1926年
周结束日

6月5日	在32点多头买进200股，止损价29点。
7月24日	最高价39点。
8月7日	最高价38¼点。
14日	最高价38¼点，最低价35½点。止损价上移到34½点。
28日	在止损价34½点多头卖出200股。

	在 34½ 点空头买进 200 股，止损价 37½ 点。
9 月 25 日	最低价 32⅝ 点。
10 月 2 日	最高价 35¼ 点，止损价下移到 36¼ 点。
9 日	在 36¼ 点空头卖出 200 股。
	在 36¼ 点多头买进 200 股，止损价 32 点。
16 日	最低价 33 点。
23 日	最低价 33 点，在 9 月 25 日结束那周 32⅝ 点的底部上止跌。成交量在底部变小，表明正在吸筹。
12 月 11 日	放量穿越 38¾ 点的老顶。
18 日	在 40½ 点多头加码 200 股。这一周最高上涨到了 44½ 点。
25 日	最低价 40⅝ 点，400 股的多单止损价上移到 39⅝ 点。

1927 年
周结束日

1 月 29 日	股价下跌到 38¼ 点。在 39⅝ 点多头卖出 400 股。
	在 39⅝ 点空头买进 200 股。
	股价下跌到 38¼ 点，再次靠近 38¾ 点的老顶价位做多。
	在 39 点空头卖出 200 股。
	在 39 点多头买进 200 股。
3 月 19 日	该股在 43½ 点形成顶部，这是第 4 次股价到达同一价位。由于股价没有到达 1925 年 12 月 18 日结束那周的顶部 44¼ 点，是一个很好的卖出点。
	在 43 点多头卖出 200 股。
	在 43 点空头买进 200 股，止损价 45 点。
26 日	股价下跌到 38½ 点，在 38¾ 点的老顶位置形成了双底。
	在 39 点空头卖出 200 股。
	在 39 点多头买进 200 股，止损价 35¾ 点。
4 月 16 日	股价穿越了 44¼ 点的老顶，但是仅仅到达了 46 点。虽然创出了更高价，但未能超过 3 个点以上。把止损价上移到 41½ 点，也就是 44¼ 点顶部下方 3 个点。止损价没被触及。
5 月 14 日	穿越了 46 点，表明股价还能继续走高。

	在 46½ 点，多头加码 200 股。
6月11日	最高价 51⅜ 点。注意，到 1926 年 2 月 6 日结束那周形成的上一个老顶是 52¼ 点。
	止损价上移到 46⅝ 点，也就是这次顶部下方的 5 个点。
25 日	在 46⅝ 点多头卖出 400 股。
	在 46⅝ 点空头买进 200 股。
7月2日	下跌到 44½ 点，也就是 1926 年 12 月 18 日结束那周形成的老顶位置。
	在 45 点空头卖出 200 股①。
	在 45 点多头买进 200 股，止损价 41½ 点。
30 日	当股价穿越 6 月 11 日结束那周的顶部后，在 53 点多头加码 200 股。
8月6日	最低价 52¼ 点。
13 日	最低价 52 点。将止损价提高到 51 点。
27 日	在 59 点多头加码 100 股，理由就是股价超过了 1925 年的顶部，创出了新高。
9月3日	最高价 62¼ 点。
10 日	最高价 62¼ 点。
17 日	最高价 62¼ 点，同时伴随着巨大的成交量，表明该股遭遇到了非常大的卖压。随后，股价跌破了前 2 周的最低价，这是处于弱势的信号。
17 日	在 59 点多头卖出 500 股。
	在 59 点空头买进 200 股，止损价 63½ 点②。
10月22日	最低价 51¼ 点。
29 日	最低价 51¼ 点。
11月5日	最低价 51½ 点，从顶部下跌了 11¼ 个点，正好回到老顶的位置。
	成交量降低，这是底部和买进点的信号。

---

① 译注：原文是 400 股。
② 译注：原文中在日期中出现了 2 次 17 日。

5 日　　在 53 点空头卖出 200 股。
　　　　在 53 点多头买进 200 股，止损价 49 点①。
12 月 24 日　股价上涨到 63½ 点。
　　　　接下来的 2 周内最高价都是 63 点。由于股价没有能穿越 1927 年 9 月 62¼ 点的顶部 3 个点以上，表明这是一个很好的卖出点。
31 日　最低价 61 点，把止损价提高到 60 点。

1928 年
周结束日
1 月 7 日　在 60 点多头卖出 200 股。
　　　　在 60 点空头买进 200 股。
21 日　股价下跌到 54⅝ 点。注意，到 1927 年 12 月 12 日结束那周的最低价是 55⅛ 点。该股仍然站在 52 点老顶的上方，并且仅仅只有 3 周的下跌，本周收盘价为 58 点，这是股价将会继续走高的信号。
28 日　在 58 点空头卖出 200 股。

1925 年 11 月 28 日到 1926 年 6 月 6 日
　净赢利……………………………………　4800 美元
1926 年 6 月 6 日到 1928 年 1 月 28 日
　净赢利……………………………………　11350 美元
　总的净赢利………………………………　16150 美元

1.615 万美元的本金

我们现在有了 1.615 万美元的赢利可以用来交易，就应当撤回 3000 美元的原始本金。现在的交易单位增加到 400 股，每 100 股投入 4000 美元的本金。我们绝对不能在一次交易中承担 5 个点的风险。如果出现损失 10%

---

① 译注：原文中在日期中出现了 2 次 5 日。

的本金情况，就要降低交易单位。

1928 年
周结束日

1月28日　在58点多头买进400股，止损价54点。

2月18日　最低价在57点附近。

　　25日　最低价为57点。

3月3日　最低价57点，将止损价提高到56点。

　　17日　股价上涨到63⅜点。高出老顶3个点，这是股价将继续走高的信号。

　　24日　在63½点多头加码400股。注意，过去2周新的最低价是62¼点，将800股的多单止损价提高到60½点。

　　31日　顶部最高价73点。

4月14日　最高价73点。

　　21日　最高价73¼点，最低价70点。将800股的多单止损价提高到67点，也就是最低价下方的3个点。

　　28日　最高价73¼点，止损价没有被触及。

5月5日　股价穿越了73点的顶部，表明将继续走高。

　　12日　在76点多头买进400股，将1200股的多单止损价上移到71点。

6月2日　该股第一次上涨到77½～88½点的区间，放量创出了新高。跟随上涨趋势将止损价上移到最高价下方的5个点。在股价到达了88½点后，1200股多单的止损价就上移到了83½点。

　　9日　在83½点的止损价多头卖出1200股。
　　　　在83½点空头买进400股。本周的最高价是85½点，止损价就设置在88½点。
　　　　一轮快速下跌接踵而至。

　　16日　在73½点空头加码400股。

　　23日　最低价63⅝点，下跌仅仅持续了3周。成交量在下跌的最后一周减少。注意，1927年12月24日结束那周的老顶为63½点。因此这是一个买进点，应当将回补空单并多头买进。

第七章 一套实用的交易模式

在 65 点空头卖出 800 股。

在 65 点多头买进 400 股，止损价 60½ 点，也就是老顶下方 3 个点。

7月14日 股价反弹到 76¼ 点，这是 3 周内的最高价。

21 日 1 周内回调到 69¼ 点，随后再次开始上涨。将 400 股多单的止损价提高到 68¼ 点。

28 日 在 77 点多头加码 400 股。将 800 股多单的止损价提高到 72 点。

一轮快速上涨接踵而至。

8月11日 股价穿越了先前的老顶 88½ 点，这是股价将继续走高的信号（从这个老顶的回调仅仅持续了 3 周）。

在 91½ 点多头加码 400 股。将 1200 股多单的止损价提高到 86½ 点。

25 日 股价上涨到 100 点。

9月1日 股价回调到 95½ 点；随后再次上涨到 100 点以上。在 101 点多头加码 400 股，将 1600 股多单的止损价提高到 94½ 点，也就是本周最低价下方的 1 个点。

22 日 最低价 105 点；最高价 112 点。将 1600 股多单的止损价提高到 104 点，也就是本周最低价下方的 1 个点。

我们现在有了庞大的赢利，但仍然是上涨趋势，因此我们并不需要卖出。只有出现跌破了周线的最低价 1 个点，或是从某个顶部回调了 10 个点，这样的情形才能表明该股处于弱势，趋势已经改变。我们还是可以持续多头买进，但是只能买交易单位的一半数量了，也就是股价每上涨 10 个点，用 200 股代替 400 股进行加码。

29 日 在 113 点多头加码 200 股。本周的最低价是 109¼ 点，将 1800 股多单的止损价提高到 108¼ 点。

10月6日 又是一轮快速的上涨。分别在 123 点和 133 点各多头加码 200 股。

该股在本周伴随着创纪录的 17.41 万股成交量创出了极限高价 140½ 点。这周的成交量接近总股数的一半，这是顶部的明确信号，尤其是上一周的成交量就超过了 100 万股。

本周的收盘价为 138¾ 点。

将止损价提高到 133¾ 点，也就是本周收盘价下方的 5 个点。

13 日　在 133¾ 点多头卖出 2200 股。

1928 年 1 月 28 日到 1928 年 10 月 13 日

　毛赢利·················· 126200 美元

　佣金、所得税和利息·········· 2100 美元

　净赢利·················· 124100 美元

1925 年 11 月 28 日到 1928 年 1 月 28 日

　净赢利·················· 16150 美元

　总的净赢利·············· 140250 美元

现在，我们将 40250 美元放入盈余账户，10 万美元用于交易，交易的单位为 1000 股。

熊市行情——本金 10 万美元

1928 年

周结束日

10 月 13 日　在 133¾ 点空头买进 1000 股，止损价 141½ 点。股价下跌到 130 点，止损价下移到 135 点，也就是本周最低价上方的 5 个点。

20 日　在 135 点空头卖出 1000 股。

在 135 点多头买进 1000 股，止损价 129 点。

反弹到 139¼ 点，接近 140½ 点的老顶，应当卖出多单。

在 138 点多头卖出 1000 股。

在 138 点空头买进 1000 股。

11 月 3 日　最低价 121¼ 点，持续 4 周的下跌。本周收盘价为 123½ 点，止损价调低到 126½ 点。

10 日　在 126½ 点空头卖出 1000 股。

在 126½ 点多头买进 1000 股。

17 日　股价上涨到 135¾ 点，收盘价在 131½ 点。将止损价调到 130¾ 点，也就是这个顶部下方的 5 个点。

24 日　在 130¾ 点多头卖出 1000 股。
在 130¾ 点空头买进 1000 股。
股价下跌到 123¼ 点，这个底部高于 11 月 3 日那周的最低价。
止损价调到 128¼ 点。

12 月 1 日　在 128¼ 点空头卖出 1000 股。
在 128¼ 点多头买进 1000 股。

8 日　股价上涨到 137½ 点，接近先前的老顶。
在 135 点多头卖出 1000 股。
在 135 点空头买进 1000 股。

15 日　在 125 点空头加码 1000 股。
股价下跌到 112 点，收盘价在 116½ 点，高于前一周。该股陡直下跌了 2 周。

22 日　在 117 点空头卖出 2000 股。
在 117 点多头买进 2000 股。

1929 年
周结束日

1 月 5 日　股价上涨到 135 点，这是第 2 个低一点儿的顶部。
在 131 点多头卖出 1000 股。
在 131 点空头买进 1000 股。
大幅下跌开始了，趋势向下。

26 日　在 121 点空头加码 1000 股，止损价 124 点。

2 月 9 日　当股价跌破 1928 年 12 月 15 日那周的最低价之后，在 111 点空头加码 1000 股。

16 日　最低价 98¾ 点，收盘价 98¾ 点。

23 日　开盘价 98 点，最低价 97½ 点，止损价下移到 102½ 点，也就是这个底部上方的 5 个点。
在 102½ 点空头卖出 3000 股。
在 102½ 点多头买进 1000 股。

3月9日　在112点多头卖出1000股，也就是在1928年15日形成的老底位置。

在112点空头买进1000股，止损价115点。这次反弹的高点是114¼点。

连续3周的顶部都在114点左右。

30日　股价跌破了前2周的最低价106点。这是加大卖空的时候。

在105点空头加码1000股，将2000股空单的止损价下移到110点。

在97点空头加码1000股，将3000股空单的止损价下移到102点。

4月20日　最低价87¾点。注意，到1928年6月2日结束那周的老顶是88½点。

在89点空头卖出3000股。

在89点多头买进1000股，止损价为86点。

27日　反弹到了96¼点，未能触及98½点的老底，这是该股弱势的信号。

将止损价提高到91½点，也就是4月27日结束那周①最低价下方1个点。

5月4日　在91½点多头卖出1000股。

在91½点空头买进1000股。

18日　在85点空头加码1000股。

25日　在75点空头加码1000股。

6月1日　最低价66点。注意，到上一个低点是在1928年6月23日结束那周形成的63½点。由于1年时间周期和这次的最低价高于先前的底部，因此我们预计趋势会发生变化。本周收盘价为69½点，这表明在此处该股获得了支撑。将止损价调到71点，也就是本周最低价上方的5个点。

8日　在71点空头卖出3000股。

在71点多头买进1000股。

---

① 译注：就是本周。

| 7月6日 | 该股反弹到了 79¾ 点。 |
| 13日 | 最高价跟上周相同。将止损价设置在 73 点，也就是上周最低价下方 1 个点。
在 73 点多头卖出 1000 股。
在 73 点空头买进 1000 股。 |
| 27日 | 最低价 68 点，在 6 月 1 日最低价上方 2 个点形成了更高的底部。我们可以在本周收盘的时候回补空单（也就是将持有的空头 1000 股卖出），或是把止损价设置在 72 点。 |
| 8月3日 | 在 72 点空头卖出 1000 股。
在 72 点多头买进 1000 股。 |
| 10日 | 最高价 76½ 点。随后下跌到 70 点。 |
| 9月7日 | 最高价 74½ 点，形成了低一点儿的顶部，这是弱势的信号。所有的股票都开始大幅下跌。 |
| 14日 | 股价跌破了 3 周来的最低价 71 点。
在 70½ 点多头卖出 1000 股。
在 70½ 点空头买进 1000 股。 |
| 10月5日 | 在 62 点空头加码 1000 股。 |
| 11月2日 | 在 51 点空头加码 1000 股。 |
| 9日 | 在 41 点空头加码 1000 股。
在 35 点空头加码 500 股。
注意，到 1926 年 4 月 3 日结束那周创出的极限低价为 28½ 点，这里可能是回补空头和多头买进的位置。 |
| 16日 | 股价下跌到 26 点，在 28 点空头卖出 4500 股。
在 28 点多头买进 1000 股，止损价 25½ 点，也就是 1926 年老底下方的 3 个点。 |
| 23日 | 在 33 点多头加码 1000 股。 |

1930 年
周结束日

| 2月8日 | 最高价 41¾ 点。 |
| 22日 | 下跌到 36¾ 点。将 2000 股多单的止损价提高到 35¾ 点。 |

4月12日　最高价43点。

　　19日　最低价39点，止损价提高到38点。

　　26日　在38点多头卖出2000股。
　　　　　在38点空头买进1000股，止损价44点。

5月10日　最低价30½点，持续4周的下跌结束了。本周最高价为33点，止损价设置在34点。

　　17日　在34点空头卖出1000股。
　　　　　在34点多头买进1000股。

　　31日　最高价为37⅞点，正好低于先前的老底，遭遇到了卖压。本周最低价36¼点，止损价设置在35¼点。

6月7日　在35¼点多头卖出1000股。
　　　　　在35¼点空头买进1000股。

　　28日　在30点空头加码1000股。
　　　　　本周最低价24点，最高价26点，很小的成交量，下跌临近结束。

7月5日　在27点空头卖出2000股。
　　　　　在27点多头买进1000股。

　　19日　最高价为32½点。

　　26日　相同的最高价。

8月2日　最高价31½点，最低价29点，止损价设置在28点。

　　9日　在28点多头卖出1000股。
　　　　　在28点空头买进1000股，止损价33点。

9月27日　当股价跌破24点之后，在23点空头加码500股。

11月8日　最低价14½点，最高价16¼点。将1500股空单的止损价设置在17¼点。股市经过1年的恐慌，即将迎来转机。

　　15日　在17¼点空头卖出1500股。
　　　　　在17¼点多头买进1000股。

　　22日　最高价为20½点。
　　　　　接下来2周的最高价分别是19⅜点和18¾点。

12月6日　在17¾点多头卖出1000股。

1928年10月13日到1930年12月6日
　　毛赢利·································· 400850美元
　　佣金、所得税和利息等·················· 22150美元
　　净赢利······························ 378700美元
1925年11月28日到1928年10月13日
　　净赢利································ 140250美元
　　总的净赢利·························· 518950美元
　　转入盈余账户·························· 218950美元
　　用于交易的余额························ 300000美元

我们将用这30万美元的本金交易6只左右的活跃股。每只股票的本金是5万美元，交易的单位为1000股。然而，对于这个交易例子，我们继续使用10万美元的本金进行交易，但是把交易单位提高到2000股。

10万美元本金

1930年
周结束日
12月6日　　在 $17\frac{3}{4}$ 点多头买进2000股，止损价 $13\frac{1}{2}$ 点。
　　20日　　最低价 $14\frac{1}{4}$ 点，与11月8～15日的最低价 $14\frac{1}{4}$ 点形成双底。止损价设置在 $13\frac{1}{2}$ 点。

1931年
周结束日
2月21日　　在 $20\frac{1}{2}$ 点多头加码2000股。
　　　　　　本周最高价 $25\frac{3}{4}$ 点。由于先前的老底在24～ $28\frac{1}{2}$ 点之间，可以依据老底的位置卖出多单。
　　　　　　在24点多头卖出4000股。
　　　　　　在24点空头买进2000股，止损价29点。
4月25日　　在19点空头加码2000股。
6月6日　　最低价 $12\frac{1}{2}$ 点。

	在 14½ 点空头卖出 4000 股。
	在 14½ 点多头买进 2000 股。
	随后从这个低点发生了一轮陡直的反弹。
7月4日	最高价 24¾ 点。
11日	最高价 24¾ 点。应当在依据先前老底的位置卖出多单。
	在 24 点多头卖出 2000 股。
	在 24 点空头买进 2000 股，止损价 27 点。
18日	最低价 18 点，随后发生了反弹。
8月1日	最高价 25¼ 点。
8日	最高价 25¼ 点。
15日	最高价 25 点。表明这里是一个很好的卖出点，并且是一个用止损价 27 点做保护的卖空点。
9月5日	在 19 点空头加码 2000 股。
10月3日	最低价 12 点。
10日	最低价 12 点，正好位于 6 月 6 日最低点下方 1/2 点，这是一个空头回补和多头买进的位置。
	在 13 点空头卖出 4000 股。
	在 13 点多头买进 2000 股，止损价 11 点。
11月14日	最高价 18 点，最低价 16 点，止损价设置在 15 点。
21日	在 15 点多头卖出 2000 股。
	在 15 点空头买进 2000 股。
12月19日	最低价 12 点，这是回补空单与多头买进的位置。
	在 12½ 点空头卖出 2000 股。
	在 12½ 点多头买进 2000 股，止损价 11 点。

1932 年

周结束日

1月16日	持续 1 周反弹的最高价为 16¾ 点。
2月13日	最低价为 10½ 点。在 11 点止损价多头卖出 2000 股。
20日	本月 20 日、27 日和 3 月的 5 日、12 日，4 周的最高点都是 13 点。

3月12日　在12½点空头买进2000股。

6月4日　最低价5点，最高价7¼点，高于前1周最高价1个点，这是底部的信号。

同时本周的成交量是自顶部以来最小的成交量，这表明股票变现已经结束。

7月2日　最低价5¾点。

9日　最低价5⅝点。成交量小到了极限。空头回补和多头买进的时间到了。

在6点空头卖出2000股。

1930年12月6日到1932年7月9日

毛赢利··123500美元

佣金、所得税和利息等····················13580美元

净赢利··109920美元

1925年11月28日到1930年12月6日

先前的总赢利·································518950美元

总的净赢利································628870美元

现在，我们可以利用这一大笔钱买断一些低价股。其中股价在30点以下的一部分；股价在20点以下的一部分；股价在10点以下的一部分；股价在5点以下的一部分，并且买断1万股克莱斯勒汽车，我们要合理地分配好本金。但是对于这个例子，我仍然会持续交易下去，使用2.5万美元的本金，交易的单位为2000股。

2.5万美元本金

1932年

周结束日

7月9日　在6点多头买进2000股。

30日　股价穿越了过去10周的顶部，趋势向上。

在8½点多头加码2000股。

8月20日　在13½点多头加码2000股。

9月10日　在18½点多头加码2000股。

本周最高价为21¾点，最低价18点，收盘价18¾点，顶部的信号[1]。

将6000股多单的止损点设置在17¾点。

17日　在17¾点多头卖出6000股。

在17¾点空头买进2000股，止损价22½。

本周最低价14⅜点。

24日　最高价20¾点。

10月1日　最高价20½点，形成了更低的顶部，这是很好的卖出点。我们可以继续做空，并且增加空头的头寸。

15日　最低价12点。

22日　最高价15¾点。

11月5日　最低价12½点，形成了双底。我们应当回补空头并多头买进。

在13点空头卖出2000股。

在13点多头买进2000股，止损价11点。

12日　最高价17⅜点。

26日　最低价14点。

12月10日　本月10日、17日，1933年1月的7日、14日，最高价都在17~17½点之间。与1932年11月12日的顶部处于同一价位，这是很好的卖出点。我们应当多头卖出并做空。

1933年

周结束日

1月14日　在16点多头卖出2000股。

在16点空头买进2000股。

3月4日　最低价7¾点，最高价9½点。这轮次级回调相对1932年6月的底部形成了更高的底部。这是很好的买进点。

18日　最低价9¼点，最高价12点。

---

[1] 译注：这周的周K线为典型的射击之星形态，难道江恩也掌握了蜡烛图技术？或是东西方交易技术的殊途同归？

4月1日 最低价 $8\frac{3}{4}$ 点，3 周的最低价都在这个位置附近，表明获得了良好的支撑。

在 $9\frac{1}{2}$ 点空头卖出 2000 股。

在 $9\frac{1}{2}$ 点多头买进 2000 股。

一轮大牛市在 4 月中旬开始了。

5月6日 在 18 点多头加码 2000 股。

27日 在 $23\frac{1}{2}$ 点多头加码 2000 股。

本周股价穿越了先前老的顶部。

6月17日 在 28 点多头加码 2000 股。

24日 在 33 点多头加码 2000 股。

7月22日 本周以 $36\frac{1}{2}$ 点开盘，上涨到了 $39\frac{3}{8}$ 点，止损价设置在这个顶部下方的 3 个点，或是 36 点。由于股价上涨到 1930 年 3 月的顶部 43 点，同时比 7 月 8 日的顶部高出不到 1 个点，再有伴随着巨大的成交量，所以预示着到达了顶部。

在 36 点多头卖出 10000 股①。

在 36 点空头买进 2000 股。

在 31 点空头买进 2000 股。

股价下跌到 $26\frac{3}{8}$ 点。之后直到 1935 年 12 月上涨到 $93\frac{7}{8}$ 点之前，股价再也没有回到这个低点。注意，先前的老顶为 $28\frac{1}{2}$ 点、24 点和 26 点。这是回补空头并做多的位置。

在 28 点空头卖出 4000 股。

在 28 点多头买进 2000 股，止损价 24 点。

8月12日 当股价穿越前 2 周的顶部之后，在 36 点多头加码 2000 股。

19日 当股价穿越 7 月的顶部之后，在 41 点多头加码 2000 股。

26日 当股价穿越 1930 年 4 月的顶部之后，这是股价将继续走高的信号。在 45 点多头加码 2000 股。

9月16日 最高价 $52\frac{3}{4}$ 点。注意，1927～1928 年的老底在 $51\frac{1}{4}$～$54\frac{1}{2}$ 点之间，以及 1929 年 10 月 5 日那周的最低价为 $52\frac{1}{4}$ 点。这是依据这些老底卖出的时间。

---

① 译注：原文中是 1000 股，从 4 次加码各 2000 股推算，应为 2000＋4×2000＝10000。

成交量也很大，这是顶部的另一个信号。

在 51 点多头卖出 8000 股。

在 51 点空头买进 2000 股，止损价 54 点。

随后是一轮陡直的下跌。

23 日　在 46 点空头加码 2000 股。

30 日　9 月 30 日、10 月 7 日和 14 日，3 周的高点都在 45½～46½ 点之间。趋势向下，将止损价下移到 47½ 点。

10 月 21 日　最低价 36¼ 点，正好在 1933 年 7 月顶部 39⅜ 点下方 3 个点，这是一个买进点。

等待一段时间后，我们将看到这是一个很好的买进点的确切证据。

28 日　最低价 38 点。

11 月 4 日　最低价 37⅜ 点，表明获得了真正的支撑。

在 38 点空头卖出 4000 股。

在 38 点多头买进 2000 股，止损价 35½ 点。

11 日　当股价穿越 3 周顶部后，在 44 点多头加码 2000 股。

12 月 23 日　当股价穿越 9 月 16 日结束那周的顶部后，在 54 点多头加码 2000 股。

1934 年

周结束日

1 月 6 日　最高价 59½ 点。

13 日　快速回调到 50 点。

2 月 3 日　2 月 3～24 日，这几周的最高价都在 59¾～60⅜ 点之间，表明正在构筑顶部，是一个很好的卖出点。上一个老顶是 1929 年 10 月 19 日那周形成的 60⅝ 点，这是一个卖出股票转为做空的位置。同时从 1933 年 3 月的最低价也有 1 年的时间了。趋势变化应当该发生了。

3 月 3 日　在 59 点多头卖出 6000 股。

在 59 点空头买进 2000 股。

10 日　当股价跌破 3 周的最低价之后，在 53 点空头加码 2000 股。

31 日	股价下跌到 49⅛ 点，低于 1 月 13 日的最低价，这是股价将继续走低的信号。
4 月 7 日	股价反弹到 55¾ 点。将 4000 股空单的止损价设置在 57 点。
28 日	当股价跌破前 1 周的最低价之后，在 48 点空头加码 2000 股。
5 月 12 日	在 43 点空头加码 2000 股。
26 日	最低价 36½ 点，与 1933 年 10 月 21 日那周的最低价相同。这是我们回补空单并多头买进的位置。

在 37½ 点空头卖出 8000 股。

在 37½ 点多头买进 2000 股，止损价 35½ 点。|
| 6 月 9 日 | 最高价 44¼ 点。|
| 16 日 | 最高价 44 点，最低价 41½ 点。本周有一次小成交量的反弹。我们可以将止损价提高到 40½ 点，或是直接在市场多头卖出。|
| 23 日 | 在 40½ 点多头卖出 2000 股。

在 40½ 点空头买进 2000 股，止损价 45 点。|
| 7 月 14 日 | 股价反弹到 42⅜ 点，随后跌破了 4 周来的最低价 38 点。

将止损价下移到 41 点。|
| 28 日 | 当股价跌破 1933 年 10 月和 1934 年 5 月的最低点之后，我们在 35 点空头加码 2000 股，甚至可以更多。|
| 8 月 11 日 | 最低价 29¼ 点，在 1933 年 7 月 21 日那周的最低价上方 3 个点止跌了。注意，1933 年的 7 月 29 日和 8 月 5 日那 2 周的最低价都是 28½ 点，因此这里形成了一个买进点。|
| 18 日 | 在 30½ 点空头卖出 4000 股。

在 30½ 点多头买进 2000 股，止损价 26 点。|
| 25 日 | 8 月 25 日和 9 月 1 日这 2 周的最高价都是 35¾ 点，正好在 1933 年 10 月和 1934 年 5 月的老底下方。

我们将依据这些老底多头卖出。|
| 9 月 1 日 | 在 35 点多头卖出 2000 股。

在 35 点空头买进 2000 股，止损价 39 点。|
| 22 日 | 最低价 29⅜ 点，与 8 月 11 日那周的最低价形成了双底，并且是在 1933 年 7 月 21 日最低价上方 3 个点止跌了，因此这是一个空单回补并多头买进的位置。|

	在 30½ 点空头卖出 2000 股。
	在 30½ 点多头买进 2000 股，止损价 26 点。
10 月 20 日	10 月 20 日、27 日，11 月 10 日、17 日，这 4 周的最高价都是 37 点，位于先前的老顶和老底上方的 1 个点位置，这轮回调仅仅回落到了 33½ 点，这是股价将继续走高的信号。
11 月 24 日	当股价穿越了老顶之后，在 38 点多头加码 2000 股。
12 月 29 日	12 月 29 日和 1935 年 1 月的 5 日、12 日，最高价都在 42～42½ 点之间。注意在 1934 年 7 月 14 日那周结束前一次反弹最高价是 42⅜ 点。如果股价不能在 3 周内穿越这个价位，这里就将成为一个卖出点。

1935 年

周结束日

1 月 12 日	在 41 点多头卖出 4000 股。
	在 41 点空头买进 2000 股。
2 月 2 日	最低价 35½ 点，这是老底和老顶的位置，我们应当空头回补并多头买进。
	在 36½ 点空头卖出 2000 股。
	在 36½ 点多头买进 2000 股。
23 日	最高价 42½ 点，这是第 3 次到达相同价位，因此是一个卖出点并转为做空。
	在 41½ 点多头卖出 2000 股。
	在 41½ 点空头买进 2000 股。
3 月 9 日	当股价跌破上一个底部之后，在 35 点空头加码 2000 股。
16 日	最低价 31 点，最高价 34 点，比 1934 年 8 月和 9 月的最低点要高出 1¾ 点，并且从 2 月 23 日顶部开始的下跌仅仅持续了 3 周。因此这个位置要再次空头回补并多头买进。
	在 32½ 点空头卖出 4000 股。
	在 32½ 点多头买进 2000 股，止损价 29 点。
4 月 27 日	在 37½ 点多头加码 2000 股，将止损价上移到 35 点。
5 月 11 日	当股价穿越了老顶之后，在 43½ 点多头加码 2000 股。

| 18 日 | 最高价 49½ 点。 |
| 25 日 | 最高价 49¼ 点。注意在 1934 年 1 月 13 日和 1934 年 3 月 31 日结束那周形成的老底都在 50 点左右。 |

应当依据这些老底卖出。

在 48 点多头卖出 6000 股。

在 48 点空头买进 2000 股。

6 月 1 日　最低价 41½ 点，位于老顶下方，这是空头回补并多头买进的位置。

在 42½ 点空头卖出 2000 股。

在 42½ 点多头买进 2000 股。

该股仅仅回调 2 周后就重新上涨。前一次从 42½～31 点，下跌了 11½ 点，这次回调下跌了 8 个点，小于前一次的下跌。

7 月 20 日　当股价站在老顶上方后，在 53 点多头加码 2000 股。将 4000 股多单的止损价提高到 49½ 点，或是前 2 周最低点下方 1 个点。

8 月 10 日　最高价 63¾ 点，高于 1934 年 2 月 24 日最高价 2 个点，这是股价将会继续走高的信号。我们的交易规则是：当穿越了先前的老顶 3 个点时，股价不能回调到老顶下方的 3 个点。因此，如果克莱斯勒要上涨到更高的价位，股价就不能回调到 57 点。

24 日　最后一个低点 57½ 点，一个真正的买进点，止损价设置在 57 点。

我们现在将 4000 股多单的止损价提高到 57 点。

9 月 7 日　当股价高于老顶 3 个点后，在 63 点多头加码 2000 股。

在 68 点多头加码 2000 股。

14 日　最高价 74 点。

21 日　最高价 74¾ 点。注意 1929 年 8 月 24 日到 9 月 14 日形成的老顶在 74½～75 点之间，导致这里成为了一个卖出点。

在 73½ 点多头卖出 8000 股。

在 73½ 点空头买进 2000 股，止损价 75¾ 点。

本周最低价 68½ 点。

10月5日　最高价74点，下跌到69点，随后反弹到73点，收盘价72½点。

随后4周在67½～69点之间止跌筑底，这是股价获得良好支撑的信号，表明主要趋势仍然向上。我们必须空头回补并多头买进。

12日　10月7日，在72½点空头卖出2000股。

在72½点多头买进2000股，止损价68点。

10月11日，在76点多头加码2000股。

19日　在83点多头加码2000股。

26日　本周最高价88¾点，回调到83½点。将止损价提高到82½点。

11月23日　最高价90点。注意，在1929年3月30日到4月6日形成的老底为90点。这导致90点成为一个卖出点。

11月20日，在89点多头卖出6000股。

在89点空头买进2000股，止损价91点。

12月7日　股价下跌到80⅝点。注意，在1929年7月6日到13日形成的老顶为79¾点，这使得80点成为反弹的支撑位。这次回调仅仅持续了3周，收盘价在83点，表明该股获得了良好的支撑。

在83点空头卖出2000股。

在83点多头买进2000股，止损价83点。

28日　股价穿越了在12月23日形成的老顶90点。

12月23日，在91点多头加码2000股。将止损价提高到87点。

本周最高价为93⅞点，最低价为90¾点，收盘价是本周的最低价。在创出新高后，这样的情形是一个危险的信号。

30日　在周一，也就是12月30日，该股的开盘价是91½点。我们应当在市场多头卖出并转为做空。

在91½点多头卖出4000股。

1932年7月9日到1935年12月30日

　　毛赢利……………………………………… 1015000美元
　　佣金、所得税和利息等………………… 17760美元
　　净赢利……………………………………… 997240美元

　　如果遵循我提供的交易规则进行交易，就能获得例子中这样巨大的赢利。我相信：1000个人中也不会有1个人会在实际中遵循这些我在书中提供的交易规则。人性的弱点击败了绝大多数的交易者。他们经常看到机会却不马上动手，直到因为太晚而失去机会。他们受到希望和恐惧的影响。当他们出现亏损时，就会满怀希望继续持有而不是快速脱身。此外，当他们有了盈利，却毫无理由地获利了结而不是等待趋势出现明确变化。因此，遵循这些交易规则对于绝大多数的交易都是合理的。

成交量的重要性

　　正如交易规则7所阐述的，我们在探测趋势变化的时候，对于极限顶部和极限底部的成交量的研究是非常重要的。例如：

克莱斯勒汽车

　　在1926年4月3日结束那周，克莱斯勒一轮陡直下跌到了28½点。在构筑底部的时候，成交量是29.1万股。从这里开始的反弹回升到了34¾点，成交量却减少到了8.41万股。随后一轮缓慢的下跌持续了大约6周，在1929年5月29日那周以29¼点的最低价收盘，成交量是8.3万股。对比以29.1万股到达极限最低价28½点那周，成交量小了很多。

　　在1928年10月6日结束那周，克莱斯勒上涨到了140½点。这轮上涨从63½点开始，持续了15周。在顶部的成交量是174.1万股，这是历史上最大的周成交量。当成交量放大并维持一段时间后，就会是顶部的真正标志。在1928年11月3日结束那周，第一轮陡直下跌将股价带到了123¼点，成交量是49.1万股。接下来的1周，成交量仅仅为30.5万股。随后在1928年12月8日结束那周，反弹到了137¾点，成交量为134.7万股。尽管这也是非常巨大的成交量，但是仍然不如顶部那周的成交量大。股价也未能到达先前的老顶，这是大量的股票在这个价位附近卖出的

另外一个标志。在1928年12月15日结束那周，该股下跌到了112点，股价从顶部下跌了25个点，成交量是89.7万股。在接踵而至的最后一轮反弹中，股价在1929年1月5日结束那周到达了135点，成交量为55.4万股。这表明公众已经吸纳了太多的股票，以至于买盘力量降低了。

从这个顶部开始，一轮长期的熊市行情来临了。在1929年11月16日结束那周，克莱斯勒下跌到了26点，成交量为28.5万股。当克莱斯勒的股价在1930年4月12日结束那周反弹到43点时，成交量是40.9万股。

我们把1928年在135～140点的顶部区间的成交量和1932年6月4日结束那周最低价为5点附近的成交量进行对比一下非常重要。1932年6月那周的成交量为4.3万股，相当于成交量每周降低7800股[①]。当股价在9～5点区间时，大约有15周的成交量都不到每周5万股，这表明股票变现已经完成，可供交易的股票变得越来越少。

牛市和熊市行情的阶段

任何一只股票都不可能直线上涨或是直线下跌。通常，每一轮牛市或是熊市行情都可以分为4个阶段，但是有时候一轮行情在第3阶段就结束了。通常研究过去的运动并观察将来的运动，我们能探测出一次波动会在什么时候结束，以及什么时候趋势正在发生变化。一定要注意观察一轮行情的第3阶段和第4阶段。例如：在一只股票上涨、停滞和回调之后，又上涨并创出新高，这便形成了第2个顶部；然后停滞几天、几周，甚至几个月，或者是回调，接下来再次创出新高，这时就要观察这个顶部，也就是第3个顶部的派发，因为这里可能成为最后的顶部。但是当股价第4次创出新高，这几乎总是行情结束的标志。第4个阶段是观察趋势最终发生改变的最重要的一个阶段。同理，当一只股票下跌的时候，要关注第3阶段和第4阶段的底部。

就像我分析克莱斯勒汽车一样，我们要去研究每只个股的不同阶段。

---

① 译注：这是江恩很独特的一种计算方法，用顶部那周的成交量减去底部那周的成交量，然后除以日历周，计算出成交量下降的速率。

第七章　一套实用的交易模式

牛市行情

从 1926 年 4 月 3 日结束那周到 1928 年 10 月 6 日结束那周

克莱斯勒的这轮波动从 1926 年 4 月 3 日结束那周的 $28\frac{1}{2}$ 点开始,到 1928 年 10 月 6 日结束那周的 $140\frac{1}{2}$ 点为止,上涨了 112 个点。这轮行情的 4 个阶段如下:

第 1 阶段: 从 1926 年 4 月 3 日结束那周到 1926 年 12 月 18 日结束那周。期间最低价为 $28\frac{1}{2}$ 点,最高价为 $44\frac{1}{2}$ 点,上涨了 16 个点。股价到达高点后回调到了 $38\frac{1}{4}$ 点,下跌了 $6\frac{1}{2}$ 个点。随后直到 1927 年 4 月 16 日结束那周股价才穿越了 $44\frac{1}{2}$ 点。注意交易规则中要在顶部或是底部结束后的 1 年关注趋势的变化。在持续了 16 周的沉寂和回落之后,在第 2 年趋势掉头向上。

第 2 阶段: 从 1927 年 3 月 26 日结束那周到 1927 年 9 月 3 日结束那周。期间最低价位 $38\frac{1}{2}$ 点,最高价为 $62\frac{1}{4}$ 点,上涨了 $23\frac{3}{4}$ 个点。股价到达第 2 阶段的顶部 $62\frac{1}{4}$ 点之后,一轮回调在 1927 年 10 月 22 日回落到了 $51\frac{1}{4}$ 点,7 周内仅仅下跌了 $11\frac{1}{4}$ 个点。

第 3 阶段: 从 1927 年 10 月 29 日结束那周到 1928 年 6 月 2 日结束那周。期间最低价为 $51\frac{1}{4}$ 点,最高价为 $88\frac{1}{2}$ 点,上涨了 $37\frac{1}{4}$ 点。在到达 $88\frac{1}{2}$ 点的最高价之后,出现了一轮回调。第 3 阶段的回调仅仅运行了 3 周,在 1928 年 6 月 23 日结束那周到达了最低价 $63\frac{1}{2}$ 点。但这是这轮牛市行情开始以后最大的回调幅度,比上一次的涨幅多了 $1\frac{1}{4}$ 个点。

第 4 阶段: 从 1928 年 6 月 23 日结束那周到 1928 年 10 月 6 日结束那周。期间最低价为 $63\frac{5}{8}$ 点,最高价为 $140\frac{1}{2}$ 点,上涨了 77 个点。期间仅仅只有 1 次超过 13 个点回调,回调的时间持续了 10 天。我已经在《江恩股市定律》和《江恩选股方略》这两本书中指出:在牛市行情最后阶段的井喷过程中,股价是直线向上运动的,期间仅仅只有很小的回调,是一个非常安全的加码操作阶段。

股价在 15 周内上涨了 77 个点,并且连续 11 周的最低价都没有被跌破。这种情形是行情结束的明确信号。我们要注意在 1928 年 7 月 21 日结束那周的最低价 $69\frac{1}{4}$ 点后,每一个底部都比前一个底部更高。

顶部派发

我曾经在其他书中指出:在最终的顶部,或是在牛市结束的第 3 阶段和第 4 阶段,市场会极度活跃,并且股价快速波动。我们来研究一下克莱斯勒从 1928 年 10 月 6 日结束那周到 1929 年 1 月 13 日结束那周期间的周线图表。注意第一次陡直下跌在 1928 年 10 月 10 日结束那周,股价从 140½ 点下跌到了 121¼ 点;随后是持续 2 周的陡直反弹,股价回升到了 135¾ 点;紧跟着又是仅仅持续 1 周的快速下跌,股价下跌到了 123¼ 点;接下来是一轮持续 2 周的反弹,股价在 1928 年 12 月 8 日结束那周回升到了 137¾ 点。请注意就在同一周,股价又下跌到了 114½ 点,并且以最低价收盘。在 12 月 15 日结束那周,股价下跌到了 112 点,收盘价是 116½ 点,高于前一周的收盘价,这是另一轮反弹获得支撑的信号。当该股从顶部 140½ 点下跌了 28½ 个点后,出现了一轮持续 3 周的反弹,最后的反弹高点在 1929 年 1 月 5 日结束那周到达了 135 点。这是从极限最高价 140½ 点之后的第二个较低的顶部。就在同一周,克莱斯勒下跌到了 126½ 点,收盘价为 127½ 点。这是最后一个顶部与股票处于弱势的信号。在 1929 年 2 月 2 日结束那周,股价下跌到了 109 点,也就是在 1928 年 12 月 15 日结束那周形成的前一个最低价 112 点下方的 3 个点。这是主要趋势掉头向下,一轮漫长熊市将接踵而至。根据我们的交易规则,当跌破了先前老底 3 个点,如果股价不能反弹回升到老底上方 3 个点,股价就会走低。在 1929 年 12 月 23 日结束那周,股价下跌到了 98½ 点;随后在 3 月 9 日结束那周反弹到了 114¼ 点,只差 ¾ 点就能高于先前的 112 点老底 3 个点。从 3 月 9 日开始接下来的 2 周,最高价分别是 113½ 点和 113 点,证明了高于先前老底价位的位置是一个很好的卖出点,同时也是一个针对大幅下跌的卖空点。

几乎很少有人会相信在古老尊贵的《圣经》中,存在着探测克莱斯勒何时到达最终顶部的规则与时间周期。克莱斯勒到达最终顶部后,在 1932 年 6 月下跌到最终的底部 5 个点,期间从来都没出现过股价高于最终顶部 1 个点的情形。依据《圣经》中的规则,这个最低价是另外一轮大幅上涨的底部。我们可以从《圣经》中获得很多有价值的真理和实用规则,但是很少有人进行深入的研究和探索。他们不愿意努力学习那些能够帮助他们赚钱的知识。《圣经》中说,"寻找的就寻见;叩门的就给他开门。"①

熊市行情
从 1928 年 10 月 6 日结束那周到 1932 年 6 月 4 日结束那周

第 1 阶段:从 1928 年 10 月 6 日结束那周到 1929 年 6 月 1 日结束那周。期间最高价位 140½ 点,最低价为 66 点,下跌了 74½ 点。这个阶段包括 5 次波动或停滞阶段,随后从这些位置都出现了反弹,但是没有任何一次反弹持续 4 周以上。

第一次　在 1928 年 11 月 3 日结束那周,股价陡直下跌到 121¼ 点。随后在 12 月 8 日结束那周反弹到了 137¾ 点,反弹了 16½ 点。

第二次　在 12 月 15 日结束那周,股价下跌到了 112 点,下跌了 25¾ 点。

在 1929 年 1 月 5 日结束那周,股价在第二次反弹中回升到了 135 点,反弹了 23 个点。

第三次　在 1929 年 2 月 23 日结束那周,股价下跌到了 98½ 点,下跌了 36½ 点。

在 1929 年 3 月 9 日结束那周,股价在第三次反弹中回升到了 114¼ 点,反弹了 15¾ 点。

第四次　股价先是下跌到了 90 点,随后到达了 87¾ 点。在 1929 年 4 月 20 日结束那周,最低价是 87¾ 点,下跌了 26½ 点。

在 1929 年 4 月 27 日结束那周,股价在第四次反弹中回升到了 96¼ 点,反弹了 8½ 点。

第五次　在 1929 年 6 月 1 日结束那周,股价下跌到了 66 点,下跌了 30¼ 点,结束了熊市行情的第 1 阶段。这个最低价在随后的 16 周内都没有被跌破。这个位置比牛市最后一个阶段起始点,也就是 1928 年 6 月 23 日结束那周的最低价高出了 2⅜ 个点。

---

① 原注:对于相信"没有工作信仰的人就是活死人"的读者,以及愿意通过努力学习来获取宝贵知识的人,我将会传授我从《圣经》中发现的"掌控时间因素"和其他规则。所有这些规则都在 1936 年公开培训课程"掌握预测方法"中有详细阐述,并提供完整的教程。

随后从这里开始的反弹，股价在1929年7月13日结束那周回升到了79¾点，反弹了13¾个点。

第2阶段：从1929年7月13日结束那周到1929年11月16日结束那周。期间最高价为79¾点，最低价为26点，下跌了53¾个点。

这个阶段的第一次下跌，在1929年7月27日结束那周，就把股价带到了67¼点，下跌了12½点。

在1929年8月10日结束那周，这个阶段的第一次反弹回升到了76½点，反弹了9¼个点。

在9月下旬，克莱斯勒的股价跌破了先前的老底66点和63点，这预示着股价将会下跌到非常低的价位。

第二次下跌非常陡直和剧烈，股价在1929年11月16日结束那周下跌到了26点①，从前一个顶部下跌了41½个点。

在1930年4月12日结束那周，股价在第二次反弹中的顶部是43点。熊市的第3个阶段也就是从这个顶部开始的。股价在这次反弹中从26点的底部上涨了17个点。

第3阶段：从1930年4月12日结束那周到1930年12月20日结束那周。期间最高价为43点，最低价为14⅛点，下跌了28¾点。经过长期下跌之后该股非常疲软，因此第3阶段的反弹就很小。第一次反弹了7⅜个点；第二次反弹了8⅜个点；第三次反弹6个点。在1930年12月20日结束那周形成最低价14⅛点的底部之后，该股在1931年3月14日结束那周反弹到了25¾点，反弹了11⅝个点。熊市的第4阶段也就从这个位置开始了。

第4阶段：从1931年3月14日结束那周到1932年6月4日结束那周。期间最高价为25¾点，最低价为5点，下跌了20¾个点。

在1931年6月6日结束那周，第一次下跌把股价带到了13¼点。随后在1931年8月1日结束那周，股价反弹到了24¼点，反弹了12¾个点。

在1931年10月10日结束那周，第二次下跌把股价带到了12点。随后该股在1931年11月14日结束那周反弹到了18点，反弹了6个点。

从这个位置，该股稳步下跌，期间仅仅只有小幅反弹。在1932年6月

---

① 译注：原书是28点。根据附录中的数据，应是26点。

4日结束那周,该股在5点见底。这是熊市行情尾声中最后一波股票变现。这轮熊市从1928年10月6日的极限顶部140½点开始,总计下跌了135½点。

1932～1935年的牛市

第1阶段:从1932年6月4日结束那周到1932年10月10日结束那周。期间最低价5点,最高价21¾点,上涨了16¾个点。

该股在1932年6月4日见底5点之后,股价在5～8点之间窄幅波动了10周,随后在1932年10月10日结束那周上涨到了21¾点,上涨了16¾个点。

第一次回调在1933年3月4日那周把股价带回了最低价7¾点。

第2阶段:从1933年3月4日结束那周到1933年9月16日结束那周。期间最低价为7¾点,最高价为52¾点,上涨了45个点。

在这个期间的7月17～21日,该股出现了一次持续4天的急促回调,股价从39⅜点下跌到了26¼点,下跌了13⅛个点①。

当股价到达52¾点后,随后出现的下跌在1933年10月21日结束那周把股价带回了36¼点,下跌了16½个点。

第3阶段:从1933年10月21日结束那周到1934年2月24日结束那周。期间最低价为36¼点,最高价为60⅜点,上涨了24⅛个点。这个最高价比1年前的最低价7¾点高出了52⅝个点。

该股到达这个最高价之后,在1934年8月11日结束那周下跌到了29¼点,下跌了31⅛个点,与在1934年9月22日结束那周的第二个底部形成了双底,这是一个把握非常高的买进点。

第4阶段:从1934年9月22日结束那周到1935年12月28日结束那周。期间股价从29⅜点到93⅞点,上涨了64½个点。

这个阶段的第一次反弹分别在1935年1月5日和1935年2月23日这2周到了顶部42½点,上涨了13¼个点。

从1935年2月的这个顶部的回调,股价回到了31点,最低价在1935

---

① 译注:原文为13个点,实际为13⅛个点。

年3月16日结束那周出现,下跌了11½个点。

我们研究一下1934年8~9月的最低价和1935年3月最低价的形成,发现这个位置发生了大规模的吸筹活动。

牛市第4阶段的最后井喷行情从31点开始,期间共有5次小幅回调,详细情况如下:

第一次　在1935年5月18日结束那周,股价上涨到了最高价49½点,上涨了18½个点;随后回调到了41⅝点,下跌了8个点,下跌幅度小于前一次的11½个点。

第二次　在1935年8月10日结束那周,股价上涨到了临时性的顶部62¾点,上涨了21⅛个点;随后在1935年8月24日结束那周回调到了57⅝点,下跌了5个点。

第三次　在1935年9月21日结束那周,股价上涨到了临时性的顶部74¾点,上涨了17⅛个点;随后回调到了68½点,下跌了6¼个点。

第四次　在1935年11月16日结束那周,股价上涨到了临时性的顶部90点,持续上涨了21½个点;在1935年12月7日结束那周,经过3周的回调,股价回落到了80⅝点,下跌了9⅜点。

第五次　在1935年12月28日结束那周,股价上涨到了顶部93⅞点,上涨了13¼个点。随后,股价开始回调。

摆动(波段)交易能赚更多的钱

波动交易总是能比长期持有赚到更多的钱。通过研究一只活跃股的摆动(波段)[①]将会使人确信:如果我们能抓住每一次8个点或是更多点数的摆动(波段)中的25%~50%,我们获得的赢利就会超过任何一种交易方法。以下的记录就可以证明这一点:

从1925年11月的最低价28½点到1928年10月的最高价140½点,克莱斯勒股价变动的幅度是112个点。克莱斯勒在这个期间,8个点或是

---

① 译注:英文Swing在证券技术类中通常对应的中文是"摆动",在一定程度上与中文证券术语"波段"意义相同。中文的"波段"则有几个英文词汇与之对应。译者以为,西方证券技术类中,很大可能没有与中文"波段"直接对应的术语。

更多点数的波动有 12 次，总的幅度是 291 个点。其中只有 1 次 8 个点的波动和 1 次 9 个点波动，其他的波动幅度都在 11～77 个点之间。在幅度为 77 个点最大一次波动中，仅仅只有 1 次 8 个点的回调。这类的波动非常适合用加码方式操作去赢得财富。

假设我们能够抓住这些波动的 50%，就能在 112 个点的波动幅度中赢利 145 个点。通过加码的方式操作，就能与我提供的例子一样获得庞大的赢利。

从 1928 年 10 月的最高价 140½ 点到 1932 年的极限最低价 5 点，克莱斯勒股价变动的幅度是 135½ 点。克莱斯勒在这个期间，8 个点或是更多点数的波动有 12 次，总的幅度是 476 个点。其中只有 5 次 8 个点的波动或是 9 个点波动，其余的波动幅度都在 11 个点到最大的 37 个点之间。假设我们能够抓住这些波动的 50%，就能在 135½ 个点的波动幅度中赢利 238 个点。

从 1932 年 6 月的最低价 5 点到 1935 年 12 月的最高价 93⅞ 点，最低价与最高价的幅度是 88⅞ 个点。在这个期间，8 个点或是更多点数的波动有 17 次，其中只有 2 次的 8 个点的小幅波动。这些波动的平均幅度在 11～48 个点之间，这是用加码方式操作赢利的好机会。在这轮幅度为 88⅞ 个点的行情中，总共波动了 309 个点。假设我们能够抓住这些波动的 50%，就能在 88 个点的波动幅度中赢利 154½ 个点。

1925～1935 年，克莱斯勒在这个期间，8 个点或是更多点数的波动有 57 次，总的幅度是 1076 个点，也就是每次的平均波动幅度为 19 个点。因此，如果我们在克莱斯勒每次从最低价上涨 10 个点之后买进，即使不加码，我们也能获得 10 个点的赢利。同样的道理，如果我们在每次从顶部下跌了 10 个点之后卖空，即使不加码，也能平均获得 10 个点的赢利。

这个例子充分证明，波段交易比长期持有或是红利更能赚钱。我们采用波段交易会比获取红利赚到多得多的钱。

对克莱斯勒和其他股票的研究表明：当股票变得活跃，股价在 40～100 点这样相当高的价位区间时，股价无论是任何底部上涨了 10 个点还是从任何顶部下跌了 10 个点，都预示着趋势发生了变化，股价都将会沿着这个方向继续运动。

第八章　股市的未来

应验了的预言

我在 1923 年撰写的《江恩股市定律》一书中指出：化学、飞机，以及无线电会成为下一个牛市中的领涨股。正是撰写的这些股票引领了 1929~1932 年的这轮牛市行情，这些板块中的一些股票也出现在这轮牛市行情巨大的涨幅行列中。

我在 1930 年 4 月完成的《江恩选股方略》这本书中的"股市的未来表现"一章中指出，化学、无线电、飞机，以及电影类股票会成为未来牛市中的领涨股。这个预言已经得到了应验。无线电"B"（Radio "B"）在 1932 年的股价为每股 3 美元，到了 1935 年 12 月，股价上涨到了每股 92 美元。联合航空（United Aircraft）在 1932 年的股价为每股 $6\frac{1}{2}$ 点，后来上涨到了 $46\frac{7}{8}$ 点。联合化学（Allied Chemical）在 1932 年的股价为每股 $42\frac{1}{2}$ 点，1935 年上涨到了每股 173 点。空气压缩机（Air Reduction）在 1932 年的股价为 $30\frac{7}{8}$ 点，1935 年上涨到了 171 点。在这本新书《江恩测市法则》中，我向大家展示了如何轻松探测出哪些股票会发展成为早期的领涨股，它们在牛市中会取得大幅上涨，而其他股票不是维持窄幅波动，就是在牛市中还在继续下跌。

我在 1930 年 4 月完成的《江恩选股方略》一书的 188~189 页，第九章中，我这样写到：

公众在 1915 年和 1916 年汽车股大幅上涨时知晓了汽车股，1919 年汽车股再次大幅上涨；但在 1924~1929 年间，公众买进的汽车股数量比以往买进任何一个板块的股票的数量都要多。因此，汽车股出现了严重的超买现象，绝大多数汽车公司的市值都被严重高估了。这些公司大量送股，并因此大大增加它们的股票数量，以至于它们在后来的几年萧条当中无法再支付分红。因此，在下一轮熊市当中，汽车股将处于最好的卖空股之列。

这个预言得到了充分的应验。奥本汽车在1929年的股价为514点，1930年4月的股价为$263\frac{3}{4}$点，1931年的股价为$295\frac{1}{2}$点，1935年3月和4月，该股下跌到了15点。克莱斯勒汽车在1928年10月的股价为$140\frac{1}{2}$点；1930年4月的股价为43点，1932年则下跌到了5点，累计下跌了$135\frac{1}{2}$点。通用汽车在1930年4月的股价为$54\frac{1}{2}$点，1932年6月下跌到$7\frac{5}{8}$点。这些股票极端的下跌证明了我在1930年谈论的观点：汽车股票是最好的卖空股。

在《江恩选股方略》这本书中的192～194页，我写过如下内容：

恐慌的投资者

大概每过20年就会出现一次由投资者在低价位抛售股票引起的投资者恐慌或是严重的经济大萧条。这是由于股市的长期下跌和投资者信心丧失。购买力的不断下降与投资者的卖单不断进入市场，迫使价格越来越低，直到银行对优质股票的投资进行催付贷款，最终结果就是毫无抵抗地崩盘或是陡直而剧烈的下跌。这种情况在1837～1839年、1857年、1873年、1893年、1896年、1914年和1920～1921年都出现过。1929年的恐慌不是投资者恐慌，而是赌徒的恐慌。

各式各样的原因造成了这些不同种类的恐慌，但这所有恐慌背后的真正原因都是货币市场。银行因为在繁荣时期贷出的贷款而背上了沉重的负担，因而迫使借款者卖出股票，从而催生了股市恐慌。大多数银行家在经历了长时期的繁荣之后都会变得过于乐观；然后在长时间的股市下跌与经济萧条之后，他们又变得过于悲观，因而不敢放贷。事实上，他们不但不会发放新的贷款，反而还会对已放贷款进行催付，这使得原本的形势变得更加糟糕。大部分的报纸也是这样。它们知道乐观的论调受欢迎，因此能将繁荣夸张到极致；然后当形势逆转时，它们通常又把实际情况描绘得更为糟糕。

当然，在所有这些恐慌期间，一些经纪人和银行早已看到了某些不祥之兆，并且已经清楚知道即将发生什么，但他们却从来不会把这些情况告诉他们的客户。因此，投资者必须停下来、观察和倾听。他必须独立进行思考，不能依赖银行家或经纪人来使他在正确的时间离场，因为历史已经证明，这些人在关键时期提出的建议往往靠不住。

即将来临的投资者恐慌将是史上最大的恐慌，因为美国至少有1500～2500万投资者持有一些龙头企业的股票，一旦这些投资者在股市下跌几年之后开始恐惧，他们抛出的卖单将多得可怕，以至于没有任何买盘力量能够承受。由于股票广泛分布于公众当中，因此自1929年恐慌以来，许多人都认为市场不会再发生恐慌，但是表面的强势实际却是市场最弱势的表现。公众过去从未充当过优秀的市场领导者，而且永远也不会，因为他们的希望和恐惧很容易被激发。如果股票全部被少数几个非常有实力的人持有，那么投资者和整个国家都会是安全的了；但是如果股票持有者是数百万的无组织、无领导能力的人，那么情况就很危险了。聪明人会在一切太迟之前卖出；公众则会满怀希望持股不动，然后所有人都同时开始恐惧并在没有人愿意买进时卖出，这便促使市场陷入了恐慌。这就是造成1929年恐慌的原因。当时投机者和赌徒们全部开始恐惧，并在同一时间卖出。

对金钱的贪婪和渴望将引起下一次的恐慌，同时对金钱的渴望还将引起下一次的战争。"战争是地狱！"人们可能会问，战争会对股票有什么影响。曾经的战争通常都导致了市场的恐慌。战争来临之后股市恐慌也会来临，但这一次或许是股市恐慌引发战争。人们就经常会对一个观点产生误解或进行错误的引述。我们经常听到人们说："金钱是万恶之源。"他们认为自己是在引述《圣经》里的话，但事实并非如此。《圣经》说："对金钱的渴望是万恶之源。"事实上，历史证明，对金钱的渴望与对权力的追求是所有战争的起因。对金钱的渴望是过去的金融危机和经济萧条发生的原因，而即将来临的恐慌将成为有史以来最大的一次恐慌，因为在美国境内的资金供给量是前所未有的，因而会有更多的资金投入到股市当中去搏杀。人们一旦发现自己的金钱在不断减少，便会不惜一切代价来挽回损失。

事实表明，1931~1932年的确是历史上最严重的大恐慌，也是纽约证券交易所有史以来最剧烈的一次下跌。我的这个预言的依据是掌握时间因素这个交易规则。通过这个规则，我可以提前几个月甚至几年就可以确定时间循环会在什么时间重复，以及极限高价与极限低价的目标价位。这足以让任何人相信我基于数学方法的发现，这个发现能预测股市的未来运动。

交易者和投资者在1930~1932年的股市大恐慌期间是如何被愚弄的

投资者和交易者在这次大恐慌中赔了钱，原因就在于他们听信了对股市的了解远不如自己的那些人的意见，这些人仅仅是依靠猜测来提供给建议。很多所谓聪明的经济学家宣称，1929年11月形成的底部不会被跌破。因为这次下跌已经纠正了市场所有的缺点，牛市即将来临。当市场在1930年、1931年和1932年持续下跌的时候，他们还是同样的论调。而当市场真正到达底部时，他们倒不知道说什么了，因为他们已经被愚弄太长的时间了。他们没有充分研究过去的历史，因此不会明白有史以来最大一轮牛市在1929年到达高潮之后，历史上最大的恐慌也会接踵而至，自然需要漫长的时间进行股票变现。

每一次市场构筑底部的时候，报刊、政府官员和经济学家都会说这是最后的底部。然而股市仍然下跌，再下跌，直至人们对一切都丧失了信心。股票的价格会下跌到任何人做梦都想象不到的低点。事情总是这样，当每个人都认为股市不可能再下跌或是再上涨时，股市的实际表现却恰恰相反。公众总是容易出错，因为他们既不能遵循好的交易规则，又缺乏组织性。人们总是相信：政府买进棉花、小麦，或是发放贷款就可以抵御经济萧条。然而，一旦上涨循环结束后，价格必然会下跌，这是任何力量都无法阻止的，只能等待完整循环自然结束。同样，当主要趋势掉头向上的时候，无论是政府干预还是其他的任何因素都不能在时间周期运行完前改变其上涨趋势。

每一个投资者和交易者都应该自己独立研究、学习并运用交易规则，不能依赖那些对市场的了解还不如你自己的人。

交易者和投资者在未来将会被如何愚弄

在1935年,尤其是下半年,报社记者、统计学家,以及经济学家纷纷发表和谈论大量的便宜货币①和高额的银行储备金。他们不断谈论通货膨胀,使人们相信政府已经改善了基本条件和利率。由于很容易就能获得资金,因此股票必然会上涨,再上涨。然而,他们忘记了一个事实,资金在大多数情况下是掌握在那些聪明人手中,这些人不会在股价太高时买进股票。

另一个他们忽略的事实是资金不一定处于流动状态。大量的资金以储蓄的形式存在银行,由保险公司和储蓄性银行持有,资金是以政府债券而不是现金的形式存在。如果强行让这部分资金进入股市,将会导致债券市场的价格崩跌并引发新的恐慌。如果每个人都认为一件事情就要发生,通常这件事情已经发生或被贴现②了。人们谈论着通货膨胀,以及股票价格和商品期货还会继续上涨到多高。而我认为通货膨胀从1933年就开始了,所有的事情都被贴现了。市场已经准备好在1936年秋季大选之前贴现通货紧缩。

导致下一轮熊市的原因

这一届的华盛顿政府正在推行新经济政策。不过,我认为这种政策叫"不公平的对待"更合适一点儿。政府制定了政策并推行到所有的行业,也不管是否了解各行各业的真实情况。大多数政客和"智囊团"成员对于经济的运作一无所知,他们的知识仅限于书本上的理论,而这些在实际中是行不通的。他们的想法就是要"严厉打击"商业活动。如果有机会,约翰逊将军甚至会制裁亨利,关闭他的工厂,然后导致成千上万的人失去他

---

① 译注:等同于流动性泛滥。
② 译注:是指市场已经做出了反应。股市的价格会提前反应所有相关的因素,这种情形就是"贴现"。

们的工作。新经济政策的拥护者们奉行这样的观念：从拥有财富的人手中拿走他们的钱，给予那些没有钱但又去工作的人。这样的政策必然会创造出一个由流浪汉组成的国家。这样的政策是误导人们依靠政府和其他纳税人，这是世界上最糟糕的事情，迟早会给整个国家带来不可预知的严重后果。我们的国家是依靠那些拥有勇气和自信的先辈们通过日复一日的努力工作缔造的，他们积极向上，来到这片新大陆，并且通过自己的努力工作建设这个国家。他们在建设这个国家的过程中，依靠的是工作而不是消费。我们不可能把一个人的劳动成果分配给其他人；也不可以让一个努力工作并成功经营自己事业的人交重税而把钱分给那些事业失败的人。让购买货物的人纳税而把钱分给那些犁掉农作物、破坏牲畜来迫使农产品价格过高的农场主，这样的行为与对制造行业征收重税而把钱分给那些濒临破产的行业是同样的逻辑。努力工作的人获得的报酬甚至负担不起食品的开支。农场主能够经营好他们的事业，他们总是能解决好自己的事情。如果他们不能做到这点，就应当像其他任何人一样接受事业失败的结果。古老而永恒的生存法则是，适者生存和劳有所获。没有人可以不劳而获，我们不能违背常理。我们不可能压制补偿机制：天道酬勤与多劳多得。

在这个国家里，没有什么个人或是某一类人比其他人更高贵。民众选举罗斯福为总统时，并不知道他会直接带领大量的"智囊团"来管理我们的国家；而国会也向罗斯福屈服并允许"智囊团"来操控我们的国家。此时的政府跟任何商业机构和个人没有什么不同，如果支出是收入的2～3倍，最终都会无法避免破产的结局。政府对商业的干预行为以及庞大的财政支出导致的危机已经迫在眉睫，清算的日子必然会来临，而买单的只能是所有的纳税人。正如，由于世界大战，以及我国政府和其他国外政府的愚蠢行为导致上一次恐慌一样，我们不得不为世界有史以来最大的萧条买单。我们在将来没有办法回避，这必然会引发股市的新一轮恐慌。当恐慌来临的时候，无论是交易者还是投资者又会卖出股票。当然也会同以往一样，他们都会卖得太迟，或是在熊市的最后阶段才卖出手中股票。由于《证券交易法》的限制，股票下跌过程中的成交量会比先前的行情要小很多。

如果现在政府执行的政策再持续 4 年，这个国家就将崩溃。由于银行背负着被政府强行发售的数十亿美元债券而无法卖出，因此将不能向存款人支付现金。那些持有大量政府债券的储蓄银行、保险公司和信托公司会发现它们的资产贬值了 15%～30%。我们假设政府坐视通货紧缩而增印了更多的纸币，这样的纸币究竟还有什么价值呢？我们国家唯一的希望就是马上停止这种毫无意义的支出，并且付诸实际行动来解决问题。德克萨斯州的兰登州长曾经表示，他可以用更节约的方式管理州政府，并且会削减债务和政府开支，做到收支平衡。如果停止过度支出，并且让国家财政收支平衡，我们国家就可以从罗斯福政府的错误中恢复过来。未来，我们不应该对企业征收重税而使其破产，我们应该让商人自主发展自己的企业，这样就能支撑政府的合法开支而不是一个流浪人员的国家。

经纪人的贷款对股价的影响

股票从 1932 年以来已经有了大幅上涨，但是经纪人的贷款并没有增加很多。原因在于新的法律要求客户提供大量的保证金，以及投资者用付清全款的方式买进股票。由于这个原因，尽管股票在 1932～1935 年出现了大幅上涨，但是并没有引起活期贷款利率的提高。然而，近期的活期贷款与定期贷款的利率有了适度的上涨。调高了的贷款利率并不一定就会导致目前这轮牛市就此终结。事实上，股市完全可能在大量资金闲置的时候下跌。

现在，欧洲人持有大量的我国股票，并且在我国有大量的存款。他们可能随时抛售持有的股票并取出他们的存款。这种抛售会带来陡直下跌并促使美国投资者也跟着卖出，从而导致另一场恐慌。

总市值

在 1929 年的最高点时，纽约证券交易所所有上市公司股票的总市值超

第八章 股市的未来

过了 900 亿美元；在 1932 年 7 月的最低点时，市场的总市值大约在 120～150 亿美元。34 个月内，总市值减少了大约 750 亿美元。这样的情形在以前或是其他国家都没有发生过。在 1935 年 12 月末，纽约证券交易所所有上市公司股票的总市值变为 460 亿美元，从 1932 年的最低点增长了 300%，这表明了市场下跌的时间即将来临。

信托投资公司什么时候会卖出股票

我们在考虑什么原因会导致股市下一场恐慌或是萧条时，其中最重要的事情就是要了解信托投资公司会在什么时候卖出股票，因为它们现在都持有大量的股票。一些信托投资公司是在低价位时买进的；也有一些信托投资公司是在股价高企的时候买进的，但是它们都大量持有股票。当这些信托投资公司开始卖出股票的时候，它们的抛售行为完全会导致一轮陡直而剧烈的下跌。除此之外，还有很多国外的信托投资公司，它们的抛售同样能导致一轮下跌。资金状态的变化、欧洲爆发战争，以及其他不利条件的出现都可能引发一轮抛售潮，并最终导致一轮恐慌性或是长期性的下跌。但是正如我在前面阐述的，通过研究个股的强弱形态、成交量，以及阻力位，我们能很容易就探测到股价的变化。一旦趋势再次掉头向下，我们就能依据交易规则去跟随趋势。

铜和金属类股票

过去几年中，人们不断谈论每盎司 1.29 美元的白银对铜以及其他金属类股票的影响。人们买进金属类的股票，因为他们相信政府将把白银价格拉升到每盎司 1.29 美元。这些人没有考虑到，在白银法通过和政府在买进白银之前，这类股票就已经开始上涨了。因此，白银价格上涨这个因素已经被贴现了。最近几个月，白银的价格每盎司下跌了 25～30 美分，因为全世界都向美国倾销白银，美国成为了唯一的买家。因此，铜和金属类股票会跟随白银价格的下跌而下跌。如果白银的价格持续下跌，那么这类股票的股价也会一路走低,投资者就不能再从这些股票上赚到钱了。

股票的分红和分拆

在我的其他几本书中,我已经阐述了股票分拆和分红的目的是为了卖出股票或是派发。在股票分红或是拆细之后,通常下跌到非常低的价位。在过去的15年内,一些股票被分拆了很多次。那些在1924~1929年繁荣时期公开分红的股票,其中的大部分股价并没有在1932~1935年的牛市中恢复多少。例如:

伍尔沃斯(Woolworth):1920年,伍尔沃斯宣布派发了10送3的股票分红;1924年,每1股被拆细为4股;1927年,10送5;1929年,每1股被拆细为2½股。最后一次拆细终结了伍尔沃斯作为牛市领涨股的地位。

1924年,该股的股价为345点;1929年11月,拆细后的股价下跌到了52¼点;1930年6月和12月,再次下跌到了相同的低点位置;随后在1931年的反弹高点为72点。漫长的下跌接踵而至,在1932年5月到达了极限低点22点。该股在1932~1935年的牛市行情中,反弹幅度要比先前的行情小很多。1935年6月,该股到达了最高价65¼点,比1931年的最高价少了7个点。该股提前其他股票构筑顶部,并在1935年12月开始走低,下跌到了52⅛点。

最近几年的市场竞争削弱了伍尔沃斯的盈利能力。伍尔沃斯再也不能像很多年前那样只卖5美分和10美分的仓储式生存了,也就丧失了当年的垄断地位。该股在未来将不再是牛市的领涨股,也不适合在萧条的时候买进了,因为股价变化的幅度已经不大了。我们为了盈利总是要放弃"曾经"的领涨股,去寻找新的领涨股。

可口可乐(Coca Cola):1927年,10送10;1929年,10送10;1935年12月,10送30。1932年12月,老股①下跌到了最低点68½点;1935

---

① 译注:指1929年10送10后的复权股。

年11月，最高上涨到了298½点。1935年12月除权后，新股①上涨到了93点，相当于老股上涨到了372点②。

或许大多数的人对可口可乐的信心要高于任何一只其他上市公司的股票，因为他们相信可口可乐能够永远保持巨大的盈利能力，因此无论经过多少次分拆或是股价上涨到了多么高的价位，该股都还能上涨。在我看来，这正好是可口可乐是一只适合卖空的股票最明确的信号，并且该股会在下一轮熊市行情中下跌到非常低的价位。我相信该股最后一次分拆的目的就是为了把股票派发给公众。一些多年持有该股的则把这次分拆看成是最明智的卖出离场的机会。

每一只股票都会到达自己的最高点，如同一个人到达人生顶峰之后会走下坡路一样；每一个行业到达这样的位置后也会开始衰退。可口可乐必然会跟所有的股票一样，再次回落到很低的价位。可口可乐公司在广告上投入了巨额资金，并且有大量的经常性支出。只要出现几年时间的经营不善就会消耗掉该公司的累积盈余，这样就会导致减少该股的分红。这样的情形迟早会发生，而可口可乐的股价就跟水一样，将会寻找它自己的价位。

要警惕那些经过拆细和分红的股票，在买进这些股票的时候一定要小心，因为它们不太可能成为未来上涨行情中的领涨股；它们适合卖空操作，并会成为下一轮熊市中的领跌股。

从低价股中寻找将来的领涨股

仔细查阅股票列表，我们就会看到那些在1932年股价低于10点的股票在1932～1935年期间股价上涨幅度的百分比是最大的③。如果你用1000美元、2000美元、5000美元、2万美元，或是更多的资金进行投资，并且将你的本金分成3等份，其中1份买进6～10点的股票；1份买进6～3点

---

① 译注：指1935年10送30后的除权股。
② 译注：指1935年10送30后的复权价。
③ 译注：这里是指（最高价—最低价）÷最低价×100%。

的股票；1份买进3点以下的股票，你将获得很大的赢利。如果你有大笔的本金，你可以挑选10只或是更多的股价在1点和低于1点的股票进行投资。投资低价股比其他股票会有更高的资金回报。即使你损失了1/4的本金，你也能获取很大的赢利。例如：

埃文斯产品（Evans Products）：1932年的股价为每股50美分；在1935年上涨到每股40美元。

赫氏公司"B"（Houdaille Hershey"B"）：1932年的股价为每股1美元；在1935年上涨到了每股31美元。

Spiegel－May－Stern：1932年的股价为每股62½美分；在1935年上涨到了每股84美元。

现在处于低价位附近的一些股票可能会成为市场再次下跌之后上涨行情中的领涨股。然而，很多低价股落入了破产受益人的手中，其他的一些低价股在低位附近已经维持了好几年而没有任何表现。因此，持续关注几只低价股的月线图表和年线图表，这样做仅仅需要很少的时间。当任何一只股票开始变得活跃并且穿越了这些年的顶部，我们就可以买进。只要它处于强势，我们就要跟随它的上涨趋势并一直持有。

航空股

1935年的下半年，政府的订单刺激了航空股的上涨。政府的订单对于这类公司的收益具有重要作用。如果国内或是国外发生了战争，那么飞机制造公司就会获得大量收益。

图8是联合航空（United Aircraft）1928～1935年最高价和最低价月线图表。

道格拉斯飞机公司（Douglas Aircraft）：在飞机制造领域，我们认为道格拉斯飞机公司在未来的表现会和同板块的其他股票表现得一样好，甚至更出色。我们预计这只股票最终能到达非常高的价位。在1935年下半年，该股穿越了1929年的最高价创出了历史新高，这是该股在今后还能再创新高的标志。

第八章 股市的未来

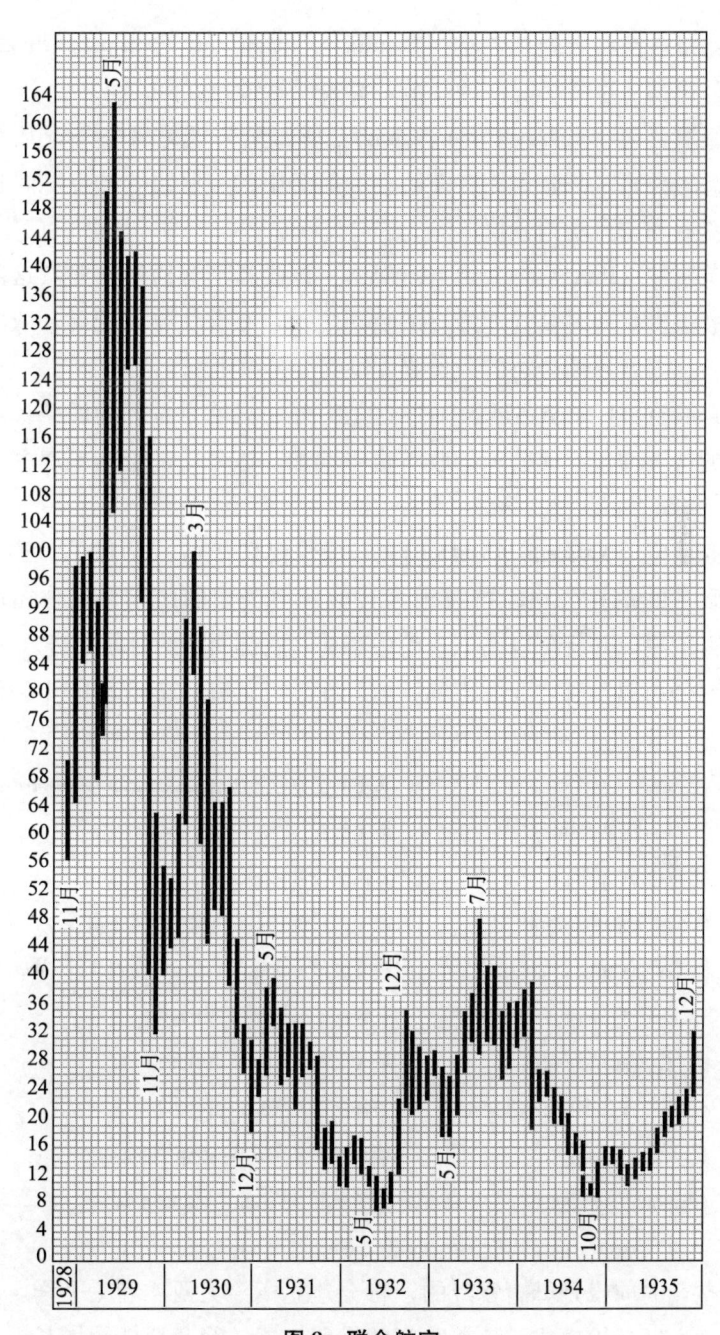

图 8 联合航空

最高价和最低价月线图表：1928～1935 年

迪克斯航空和汤普森制造（Bendix Aviation and Thompson Products）：这两家公司都从事飞机配件的制造，都表现不错并值得关注。

斯佩里公司（Sperry Corporation）：斯佩里公司是另外一家从事飞机配件制造的公司，该公司拥有在航空和航海中的一些重要的专利，包括陀螺仪、罗盘和"自动驾驶仪"等。

泛美航空（Pan American Airways）：该股属于交通运输业。这家公司的流通股很少，同时是管理最好的公司之一，有着优异的记录，收益也在不断增长。因此，该公司的股价毫无疑问会持续上涨。

联合航空（United Aircraft）：这是另外一只前景看好的股票。随着商务乘客的持续增长，该公司的收益也将增加。该公司的资本雄厚并且管理完善。

国家航空（National Aviation）：该股仅仅只有47.7万股的流通股。这是一家真正的信托公司，持有很多其他航空公司的股票。该公司前景广阔，值得关注，并且可以在下一轮牛市前，底部明确的时候买进。

下列公司属于航空业的不同领域，即飞机制造、交通运输和零配件：

航空公司（Aviation Corporation）	北美航空公司（North American Aviation）
迪克斯航空（Bendix Aviation）	泛美航空（Pan American Airways）
波音飞机（Boeing Airplane）	斯佩里公司（Sperry Corporation）
统一航空（Consolidated Aircraft）	汤普森制造（Thompson Products）
柯蒂斯-莱特"A"（Curtiss Wright "A"）	横贯大陆的西航（Transcontinental & Western Air）
道格拉斯飞机公司（Douglas Aircraft）	联合航空（United Aircraft）
Excello飞机（Excello Aircraft）	联合航线（United Airlines）
仙童航空（Fairchild Aviation）	韦科航空（Waco Aircraft）
欧文航空（Irving Airchute）	西部空中快车（Western Air Express）
国家航空（National Aviation）	赖特航空（Wright Aeronautical）

航空业的前景是毋庸置疑的，将会建立横穿大西洋和太平洋，以及全球的空中交通运输模式。随着时间的推移，这一行业会持续增长。如果关注这个股票板块的交易者能遵循本书中的交易规则并跟随个股的趋势，必

然会与过去铁路股和汽车股创造的财富一样,大赢特赢。

　　我坚信古老的原则:服务最好盈利就最大。在撰写《江恩测市法则》这本书的过程中,我与读者分享了我知识和经验中的精华。这些交易规则很实用,并且经受了时间的检验。我已经做完了我应该做的事情。如果你也能做好你应当做的事情——努力学习和勤奋工作,你将成为优秀的股票侦探,你所花费的时间和努力也必将获得回报。我在书中指出了一些人仅仅凭借希望进行猜测和赌博的愚蠢行为,并引导他们进入安全和理性的投资道路上。我很清楚上述这个事实,我已从中获得了丰厚的回报。

W·D·江恩

附　　录

道琼斯平均指数每月高点和低点价格
1921～1935 年
30 只工业股票

年份		1月	2月	3月	4月	5月	6月	7月	8月	9月	10月	11月	12月
1921	高点	76	77	77	78	79	74	71	70	71	73	78	81
	低点	73	74	73	75	74	65	67	64	67	69	72	78
1922	高点	82	85	89	93	96	96	97	100	102	103	99	99
	低点	79	82	85	89	92	91	93	96	97	97	92	96
1923	高点	99	103	105	103	98	97	91	92	92	90	92	95
	低点	97	98	103	99	93	88	87	88	86	86	89	93
1924	高点	100	101	102	95	96	95	102	105	105	104	111	120
	低点	95	97	93	90	89	90	96	102	101	100	104	111
1925	高点	123	123	125	121	130	131	136	143	147	156	159	157
	低点	120	118	115	118	121	127	132	136	138	145	149	152
1926	高点	159	162	153	144	143	154	160	166	166	159	157	162
	低点	153	155	136	137	138	143	153	161	157	146	151	157
1927	高点	157	162	162	167	173	171	182	191	198	200	198	202
	低点	153	157	159	161	165	166	169	178	192	180	182	194
1928	高点	203	200	214	217	220	220	216	240	242	257	295	300
	低点	195	192	193	208	212	202	206	215	237	238	255	258

附　录

续表

年份		1月	2月	3月	4月	5月	6月	7月	8月	9月	10月	11月	12月
1929	高点	317	322	321	320	327	333	347	380	356	362	273	163
	低点	297	290	297	300	294	300	336	334	344	330	199	231
1930	高点	267	272	286	296	275	274	240	240	245	214	190	186
	低点	244	262	270	277	258	212	219	218	205	184	169	155
1931	高点	176	197	192	174	156	157	156	146	140	110	119	94
	低点	160	166	171	142	128	120	134	133	96	86	90	72
1932	高点	87	89	89	73	60	51	54	77	81	72	68	63
	低点	70	71	73	55	45	43	41	53	65	58	56	56
1933	高点	66	60	64	78	91	100	110	105	107	100	101	104
	低点	59	50	51	56	76	87	85	90	92	83	86	94
1934	高点	110	111	106	107	101	101	99	96	94	96	103	104
	低点	96	102	98	101	90	91	85	87	86	90	93	99
1935	高点	106	108	103	111	117	121	127	129	135	142	149	145
	低点	100	100	96	100	108	109	118	125	127	127	140	139

20只铁路股票

年份		1月	2月	3月	4月	5月	6月	7月	8月	9月	10月	11月	12月
1921	高点	75	74	70	70	73	74	71	73	72	72	74	74
	低点	74	72	67	66	70	64	69	68	70	68	71	72
1922	高点	74	79	80	85	86	85	89	93	93	93	91	86
	低点	71	73	78	81	84	82	85	88	90	90	83	84
1923	高点	87	90	90	88	85	84	81	81	80	80	81	82
	低点	84	86	88	85	81	77	78	78	79	78	80	80
1924	高点	83	83	82	83	83	86	91	92	91	90	97	99

续表

年份		1月	2月	3月	4月	5月	6月	7月	8月	9月	10月	11月	12月
	低点	81	82	81	81	82	83	86	90	89	87	90	96
1925	高点	100	100	100	96	100	100	100	103	103	105	108	112
	低点	98	98	93	94	97	98	99	100	100	102	104	107
1926	高点	112	111	111	109	110	114	116	121	123	122	120	122
	低点	109	108	103	106	106	110	113	116	120	115	118	118
1927	高点	122	129	130	134	137	138	141	143	142	144	141	142
	低点	120	121	125	130	132	134	135	137	138	134	135	140
1928	高点	141	137	141	145	148	144	140	144	144	143	152	152
	低点	137	133	135	141	142	134	136	137	142	139	143	144
1929	高点	158	161	158	152	153	161	179	188	189	178	159	152
	低点	152	152	148	149	148	153	164	170	174	148	129	144
1930	高点	149	156	157	157	145	143	135	132	133	124	113	107
	低点	145	150	152	145	140	126	128	127	122	112	104	96
1931	高点	109	111	107	96	88	88	86	75	68	59	56	41
	低点	99	108	97	85	72	67	73	68	51	46	39	39
1932	高点	42	40	38	30	22	18	22	38	41	35	31	28
	低点	32	33	30	21	15	14	14	20	29	24	25	24
1933	高点	30	30	30	33	43	48	58	54	52	43	40	43
	低点	26	23	23	24	33	40	43	45	40	33	35	38
1934	高点	51	53	50	52	48	46	45	38	37	38	38	39
	低点	40	48	47	48	41	42	34	33	33	34	34	36
1935	高点	37	36	31	31	32	34	39	38	38	35	39	42
	低点	34	30	27	28	30	30	37	34	35	33	35	38

克莱斯勒汽车
1925～1935年每周高点和低点

1925年周末	高点	低点	成交量（股）	1926年周末	高点	低点	成交量（股）
11月28日	49	44	60100	5月8日	32⅝	30⅜	51000
12月5日	53¼	46⅝	83000	15日	31½	29⅝	65800
12日	57⅞	52½	210300	22日	30⅞	29⅛	123800
19日	54	48¼	78000	29日	31¼	29⅛	83900
26日	50¾	45¾	82700	6月5日	32⅞	30⅝	99100
1926年				12日	32¾	31⅛	95300
1月2日	53½	48⅛	189500	19日	35⅜	31¾	201700
9日	54⅞	52	242100	26日	34⅞	32⅞	56900
16日	54⅝	47½	206500	7月3日	36¼	32⅛	153800
23日	50½	46½	141400	10日	36¾	35	72200
30日	50¼	46¾	104300	17日	36⅜	34¼	106700
2月6日	52⅜	48½	127800	24日	38¾	34⅝	260900
13日	51¼	48½	80900	31日	38	34½	275800
20日	48⅞	47⅛	63000	8月7日	38⅜	36	211100
27日	48¾	42⅜	149700	14日	38¼	35½	174000
3月6日	44⅞	39	282400	21日	37¾	35¾	78700
13日	42⅞	40⅛	85400	28日	36¾	34⅛	80100
20日	41⅜	35¼	243600	9月4日	37¼	34⅛	67600
27日	37	33	140400	11日	37	35	53500
4月3日	35	28½	291900	18日	36	33⅜	72200
10日	35⅛	33⅛	80900	25日	35⅞	32⅝	128000
17日	33⅜	30¼	125500	10月2日	35⅜	33⅝	57100
24日	34⅞	31⅝	84100	9日	36⅞	33⅜	231200
5月1日	34¾	32	64100	16日	35⅞	33	105400

· 137 ·

续表

1926年周末	高点	低点	成交量（股）	1927年周末	高点	低点	成交量（股）
10月23日	35½	33¼	140900	4月9日	43½	40⅝	121000
30日	34⅜	33⅝	30700	16日	46	43½	303600
11月6日	34¾	34	22700	23日	45⅜	42½	118100
13日	37⅜	34	99600	30日	44¾	41⅝	173700
20日	37¼	35	66000	5月7日	44½	42⅝	80900
27日	36½	35½	33300	14日	46¾	43½	211900
12月4日	38½	35⅝	218300	21日	45⅞	44	121800
11日	39⅞	36⅞	186900	28日	47¼	45	210400
18日	44⅜	39½	347600	6月4日	47⅛	45¼	130800
25日	42⅝	40⅝	97300	11日	51¾	45⅝	559500
31日	42¾	41	110200	18日	50⅜	46½	186200
1927年				25日	49¼	46½	79200
1月8日	43½	40⅝	180300	7月2日	47¾	44¾	107200
15日	43	40½	93500	9日	47⅞	46¼	55200
22日	42	40¼	110500	16日	48⅝	46⅜	61700
29日	41	38⅛	115400	23日	52⅜	46¾	315000
2月5日	42¾	40	114000	30日	55⅜	51½	655900
12日	43½	42	179200	8月6日	56	52½	352100
19日	43½	41½	102800	13日	54⅞	52	277800
26日	42¾	41	61500	20日	58¼	53½	358300
3月5日	43½	41⅜	225500	27日	61¼	57¼	347200
12日	43⅛	41½	87100	9月3日	62¼	58⅞	249500
19日	43¼	41½	91700	10日	62⅜	59¼	185900
26日	41⅞	38½	131300	17日	62¼	58⅝	243600
4月2日	41⅝	39½	61000	24日	60¾	57⅝	127500

续表

1927年周末	高点	低点	成交量（股）	1928年周末	高点	低点	成交量（股）
10月1日	59⅝	55⅝	110100	3月17日	65⅜	62¼	583700
8日	59⅞	55⅝	109800	24日	64¾	62½	191900
15日	56⅝	54	107200	31日	73	63½	667900
22日	56¼	51¼	164400	4月7日	70	67½	201400
29日	54¼	51⅛	76300	14日	72⅞	69½	448300
11月5日	56	51½	74400	21日	73⅜	70	302000
12日	57⅞	54⅞	90900	28日	73¼	67⅝	277800
19日	58½	55⅝	150000	5月5日	75½	70⅜	314100
26日	58¼	56½	64500	12日	77¾	72½	314300
12月3日	58⅞	56⅜	114900	19日	81½	75¼	476800
10日	58⅞	55¼	117800	26日	80½	74⅝	267800
17日	61⅜	58¾	221600	6月2日	88½	77⅝	949800
24日	63½	60⅛	255200	9日	85⅜	77⅛	254200
31日	63⅛	61	89600	16日	76⅞	66⅛	554000
1928年				23日	69½	63⅝	203800
1月7日	63	59⅜	157500	30日	74⅝	68½	157000
14日	59½	56¼	127700	7月7日	75¾	72⅛	153400
21日	59¼	54¾	122800	14日	76¼	69⅞	212800
28日	60	56⅜	99400	21日	74½	69⅛	19700
2月4日	58	56¼	99000	28日	79⅜	72	251100
11日	61⅝	57	314300	8月4日	86½	76⅜	535200
18日	60⅞	56¾	104900	11日	94¾	83¼	1138100
25日	59⅛	57	76100	18日	98¾	92½	1272200
3月3日	60¼	57	89900	25日	100	93¾	806300
10日	62½	59¾	316700	9月1日	103⅜	95½	565200

续表

1928年	高点	低点	成交量（股）	1929年	高点	低点	成交量（股）
周末				周末			
9月8日	105 3/8	100 5/8	616600	2月23日	106	98 1/2	328700
15日	108 3/8	101 5/8	605600	3月2日	108 3/4	100 7/8	368900
22日	111 3/4	105	640500	9日	114 1/4	105 5/8	865100
29日	119 3/4	109 1/4	1027200	16日	113 1/2	106 1/8	411100
10月6日	140 1/2	119	1741500	23日	113	106 1/4	417900
13日	139 3/4	130 1/8	872600	30日	107 3/8	89 3/4	552500
20日	39 3/8	131	786200	4月6日	98 1/4	91	387100
27日	138 1/8	125	662200	13日	95	89 7/8	278600
11月3日	131 3/8	121 1/4	491900	20日	95 3/8	87 3/4	388600
10日	130 3/8	124 1/4	305200	27日	96 1/4	92 3/4	272200
17日	135 3/4	127 3/4	772600	5月4日	95 1/2	91 3/4	175900
24日	132 7/8	123 1/4	586400	11日	93 1/2	85 1/4	183000
12月1日	131 1/2	27 1/8	261400	18日	85 7/8	80 1/2	281300
8日	137 3/4	114 1/2	1347800	25日	83	70 1/4	445000
15日	124 1/4	112	897600	6月1日	76 1/8	66	311500
22日	22 5/8	115	470800	8日	76 7/8	69 3/4	211700
29日	133	121	625700	15日	75 3/4	71 1/4	130800
1929年				22日	78 1/4	74 3/8	174600
1月5日	135	126 1/2	554600	29日	77	73	110700
12日	127 1/4	120 3/4	687000	7月6日	79 3/4	74	217100
19日	124 1/4	120	379100	13日	79 7/8	71	230700
26日	122 3/8	117 1/4	508400	20日	72 1/2	68 1/4	401700
2月2日	122 1/2	108 5/8	543400	27日	74 1/2	67 1/8	234200
9日	113 3/4	101 1/4	522800	8月3日	75 1/8	70	137900
16日	105 7/8	98 3/4	443100	10日	76 1/2	69 5/8	223000

续表

1930年周末	高点	低点	成交量（股）	1930年周末	高点	低点	成交量（股）
8月17日	72⅞	69⅞	91600	2月1日	38¾	35¼	244600
24日	75	71¼	127000	8日	41¾	38⅛	447100
31日	73⅞	71⅜	57400	15日	40	37	134500
9月7日	74⅜	71⅜	148800	22日	39	36¾	109400
14日	73⅞	69¼	86500	3月1日	39⅜	37⅛	120500
21日	72	64½	192800	8日	39	37½	103200
28日	65½	58	286600	15日	39½	37⅛	134000
10月5日	59½	52⅛	217200	22日	41	37⅛	315900
11日	60½	53¾	238800	29日	40⅜	38⅜	195600
19日	60⅝	54¼	252400	4月5日	39¾	37⅞	145700
26日	55½	43	317000	12日	43	38½	409300
11月2日	44½	28¼	557300	19日	41¾	39⅛	82600
9日	38	29⅞	272400	26日	40½	35½	153600
16日	33	26	285000	5月3日	37	33	136400
23日	34⅜	31½	105700	10日	33	30½	152600
30日	33⅜	31½	51300	17日	36¼	32⅞	87200
12月7日	36	32⅛	190300	24日	37	38¼	146000
14日	39⅜	33⅝	322200	31日	37⅜	36¼	80300
21日	38	32	164300	6月7日	35¾	33	65400
28日	37¼	32½	203100	14日	33⅜	30	122900
1930年				21日	30¾	24⅛	180300
1月4日	38¼	34¾	199900	28日	26	24	73400
11日	38⅞	35	141900	7月5日	28½	25½	62100
18日	36	33¼	89200	12日	29½	25¾	63200
25日	36½	34	93000	19日	32⅜	28¾	159900

续表

1930 年	高点	低点	成交量（股）	1931 年	高点	低点	成交量（股）
周末				周末			
7 月 26 日	32	28½	157800	1 月 10 日	17⅞	16⅝	124300
8 月 2 日	31⅝	28¾	69000	17 日	17⅜	16	49800
9 日	30½	26¾	63200	24 日	18¼	16	102150
16 日	29	26⅛	64000	31 日	18	16½	65400
23 日	28½	27⅛	38700	2 月 7 日	17½	16⅜	47800
30 日	28⅝	27½	26900	14 日	20¾	17½	233100
9 月 6 日	28½	27⅛	30400	21 日	23⅛	20	335600
13 日	29¼	27¾	92700	28 日	24⅛	21½	198300
20 日	28	25¾	40700	3 月 7 日	24½	21⅛	268600
27 日	26½	20⅛	170600	14 日	25¾	22⅛	392800
10 月 4 日	22	19⅝	82100	21 日	25¼	23½	273300
11 日	21⅛	16½	119100	28 日	25	21½	211700
18 日	18¼	16⅜	67400	4 月 4 日	22⅛	20½	115600
25 日	17¾	15¾	85200	11 日	22⅜	21	74600
11 月 1 日	17⅝	15¾	49200	18 日	23¾	19¾	230600
8 日	16⅛	14½	67300	25 日	21⅛	17¾	153500
15 日	17	14½	103500	5 月 2 日	20	16⅝	175400
22 日	20½	16⅛	232900	9 日	20¾	19	107100
29 日	19⅜	16¾	66400	16 日	21¼	18⅞	105400
12 月 6 日	18¾	16⅝	53300	23 日	19⅛	16¼	156200
13 日	17	15¼	111100	30 日	17¼	16	93800
20 日	17¼	14⅛	161092	6 月 6 日	18¼	12½	329800
27 日	17⅜	15⅜	118850	13 日	17⅞	15¾	90500
1931 年				20 日	19⅜	17½	236000
1 月 3 日	18⅛	15	124550	27 日	23½	19	494800

续表

1931年	高点	低点	成交量（股）	1932年	高点	低点	成交量（股）
周末				周末			
7月4日	24¾	21	260600	12月26日	13¾	13	51700
11日	24¾	21⅝	420400	1932年			
18日	23⅛	18⅛	394800	1月2日	14⅛	12. 5	64500
25日	24	21½	184900	9日	14⅝	12¼	120500
8月1日	25¼	21⅞	462400	16日	15¾	13½	165100
8日	25⅛	22¾	173300	23日	14¾	13⅛	80800
15日	25	23	210400	30日	13⅝	12¾	36340
22日	24½	22	197700	2月6日	13⅝	12	37500
29日	23	21⅝	73600	13日	13½	10½	134000
9月5日	22¾	19⅜	121000	20日	13½	12⅛	112200
12日	19¼	17½	1554000	27日	12½	11¾	34500
19日	18½	15⅝	184900	3月5日	13。125	12	30600
26日	16	13½	260500	12日	13⅛	11¾	32300
10月3日	13⅞	12	290600	19日	12	10¼	70200
10日	15½	11¾	291000	26日	11¼	10⅜	20600
17日	14⅞	13¼	81800	4月2日	11⅞	10¼	45200
24日	16⅛	14	133000	9日	10⅜	8⅞	122300
31日	16¾	14⅝	190216	16日	9⅞	8¼	44300
11月7日	17¾	15⅞	173000	23日	9⅞	8⅞	19300
14日	18⅛	16	203050	30日	9⅞	8¾	23000
21日	17¾	14⅝	151300	5月7日	9	8¼	23900
28日	15⅝	14	69400	14日	8⅞	8	17200
12月5日	15⅛	13⅝	94316	21日	8¼	6	35800
12日	15⅛	12⅜	105200	28日	6¼	5⅛	45900
19日	14⅛	12	162300	6月4日	7¼	5	43500

续表

1932年	高点	低点	成交量（股）	1932年	高点	低点	成交量（股）
周末				周末			
6月11日	$7\frac{3}{8}$	6	24000	12月3日	$15\frac{1}{4}$	$14\frac{1}{8}$	66200
18日	$7\frac{1}{2}$	$6\frac{1}{2}$	25200	10日	$17\frac{1}{8}$	$14\frac{3}{8}$	203500
25日	7	$6\frac{3}{8}$	9000	17日	$17\frac{1}{4}$	$16\frac{1}{4}$	108700
7月2日	$6\frac{1}{2}$	$5\frac{3}{4}$	23400	24日	$17\frac{1}{8}$	$15\frac{1}{8}$	78100
9日	$6\frac{1}{4}$	$5\frac{5}{8}$	12600	31日	$16\frac{3}{4}$	$15\frac{1}{4}$	68200
16日	$6\frac{5}{8}$	$5\frac{7}{8}$	7800	1933年			
23日	$7\frac{5}{8}$	$6\frac{3}{8}$	35400	1月7日	$17\frac{1}{4}$	$16\frac{1}{4}$	55600
30日	$9\frac{1}{2}$	$7\frac{5}{8}$	88300	14日	$17\frac{1}{8}$	$14\frac{3}{4}$	102300
8月6日	$10\frac{3}{4}$	$8\frac{1}{8}$	125600	21日	$14\frac{7}{8}$	$13\frac{5}{8}$	106000
13日	$15\frac{1}{8}$	$10\frac{5}{8}$	360500	28日	$14\frac{1}{4}$	$13\frac{3}{8}$	36200
20日	$14\frac{3}{4}$	$12\frac{1}{4}$	142300	2月4日	$13\frac{1}{2}$	$11\frac{1}{2}$	75100
27日	$16\frac{1}{8}$	14	264400	11日	$13\frac{3}{8}$	$11\frac{5}{8}$	50400
9月3日	$18\frac{1}{4}$	$15\frac{1}{4}$	313000	18日	$11\frac{7}{8}$	$10\frac{7}{8}$	68100
10日	$21\frac{3}{4}$	18	401300	25日	$11\frac{1}{4}$	$8\frac{1}{4}$	69000
17日	$18\frac{3}{4}$	$14\frac{3}{8}$	366500	3月4日	$9\frac{1}{2}$	$7\frac{3}{4}$	91100
24日	$20\frac{7}{8}$	$15\frac{1}{2}$	354500	11日	交易所	关闭	
10月1日	$20\frac{5}{8}$	$17\frac{5}{8}$	205100	18日	12	$9\frac{1}{4}$	81600
8日	$18\frac{3}{4}$	$13\frac{3}{8}$	338000	25日	$10\frac{3}{4}$	$94\frac{1}{4}$	42000
15日	$14\frac{7}{8}$	$12\frac{1}{8}$	198200	4月1日	$9\frac{3}{4}$	$8\frac{3}{4}$	20600
22日	$15\frac{3}{4}$	$13\frac{1}{4}$	90700	8日	$11\frac{3}{8}$	9	48400
29日	$14\frac{5}{8}$	13	48500	15日	$12\frac{5}{8}$	$11\frac{1}{8}$	87400
11月5日	$14\frac{1}{8}$	$12\frac{5}{8}$	66700	22日	$15\frac{3}{8}$	$11\frac{5}{8}$	174650
12日	$17\frac{3}{8}$	$13\frac{7}{8}$	171000	29日	$17\frac{1}{2}$	$14\frac{3}{4}$	289500
19日	$17\frac{1}{8}$	$15\frac{1}{4}$	146000	5月6日	19	$16\frac{7}{8}$	286000
26日	$16\frac{5}{8}$	$14\frac{1}{8}$	84600	13日	$20\frac{1}{2}$	$17\frac{1}{8}$	311200

续表

1933年	高点	低点	成交量（股）	1933年	高点	低点	成交量（股）
周末				周末			
5月20日	21½	19	242100	11月11日	44½	40⅝	199500
27日	24	19¼	249400	18日	47⅜	45½	411300
6月3日	24⅝	22¼	182000	25日	50	46¾	322100
10日	25¼	22⅝	222400	12月2日	49½	45¾	226400
17日	28¼	23⅜	467500	9日	53	48½	309000
24日	34⅝	29⅛	594900	16日	53⅜	50½	33130
7月1日	36½	33	266000	23日	54⅜	48¼	425200
8日	38¾	36¾	157400	30日	57⅝	52	270700
15日	38⅛	34¾	170600	1934年			
22日	39⅜	26¼	594800	1月6日	59½	53¾	435200
29日	34¾	28¾	328600	13日	54⅜	49⅞	404700
8月5日	34¾	28⅝	292200	20日	56⅜	51⅝	440000
12日	39¾	32⅝	348100	27日	56½	53	318600
19日	41⅜	35⅝	342600	2月3日	59¾	54⅝	399800
26日	47⅜	40½	389300	10日	59¾	53¾	395100
9月2日	47⅝	43⅛	274800	17日	60	54⅞	207200
9日	45½	42¾	266900	24日	60⅜	56½	175700
16日	52⅞	43⅞	461700	3月3日	57¼	53¾	216400
23日	52½	41⅝	587600	10日	56¼	51⅞	172200
30日	45½	38¾	420900	17日	55	51⅝	127400
10月7日	46	39½	392700	24日	53¼	49¼	207000
14日	46⅜	40½	211900	31日	55	50⅝	121300
21日	42⅛	36¼	498600	4月7日	55⅞	53⅝	117500
28日	43¼	38	311700	14日	55⅜	53	73600
11月4日	42½	37⅜	230000	21日	54⅜	52¼	57100

续表

1934年周末	高点	低点	成交量（股）	1934年周末	高点	低点	成交量（股）
11月28日	53½	48⅛	132500	10月20日	37⅛	35¼	68800
5月5日	48¼	44½	185600	27日	37⅛	34	73600
12日	45⅝	37⅞	301000	11月3日	34⅞	33⅜	57600
19日	41¼	36½	189300	10日	36⅞	34⅛	65000
26日	41	37½	104200	17日	36⅞	35⅜	58600
6月2日	40¾	37½	71900	24日	38	35¼	86800
9日	44⅛	38¼	100800	12月1日	40¼	37¾	98700
16日	44	41⅝	92300	8日	41	38⅝	75000
23日	43⅜	38¼	73300	15日	40	37¾	69700
30日	40⅞	38½	42800	22日	39⅜	38	48300
7月7日	41¼	38⅛	29400	29日	42⅛	38⅜	86400
14日	42⅜	40	53500	1935年			
21日	41⅛	38¼	59200	1月5日	42½	41⅛	71100
28日	38⅞	32	266100	12日	42½	38½	94500
8月4日	35¾	30⅞	116000	19日	39½	37⅛	55200
11日	35½	29¼	164200	26日	39⅛	37¼	26000
18日	34	30¾	98800	2月2日	37¾	35½	48500
25日	35¾	32	75300	9日	38⅞	36⅛	36500
9月1日	35⅞	32⅝	75100	16日	39¾	37⅞	30300
8日	34¼	32	41500	23日	42⅜	37⅜	85800
15日	33	30	76800	3月2日	37¾	35⅝	86000
22日	33⅞	29⅜	80700	9日	36¼	32½	97200
29日	34⅞	31¾	66500	16日	34	31	103400
10月6日	35¾	32¼	87700	23日	34⅞	31⅜	68900
13日	36⅜	33⅝	78800	30日	34½	32¾	51600

续表

1935年周末	高点	低点	成交量（股）	1935年周末	高点	低点	成交量（股）
4月6日	35¼	33¼	46700	24日	61⅜	57½	128800
13日	36½	34½	66200	31日	62⅝	57⅞	171500
20日	38⅝	35⅜	69800	9月7日	69⅞	59¾	229000
27日	38⅞	36¾	80300	14日	74	67½	233200
5月4日	42⅛	36¾	235900	21日	74⅝	68½	254700
11日	44⅝	40⅜	178500	28日	73¼	69¾	149800
18日	49⅜	43½	209700	10月5日	74	69	222100
25日	49⅛	46⅛	168000	12日	78¾	71⅞	209000
6月1日	48	41⅜	163900	19日	84	78½	260500
8日	46	43	107200	26日	88¾	84¼	256700
15日	49⅞	44¼	202000	11月2日	88	88¾	183200
22日	50¼	46¼	207300	9日	87⅞	83¾	131400
29日	50¾	47¾	131300	16日	89⅞	83⅞	163800
7月6日	51⅝	48	93400	23日	90	84⅛	145700
13日	53	50¾	142200	30日	88½	82⅛	145300
20日	54⅜	51¼	116200	12月7日	85¼	80⅝	140600
27日	59⅜	54¾	140100	14日	87¼	83	242000
8月3日	60⅝	57⅝	160100	21日	90	85⅜	250400
10日	67¾	57⅞	142300	28日	93⅞	90¾	231300
17日	62½	60¼	117000				